工程建设施工项目管理

—写给路桥建设者—

董耀文 著

浙江工商大学出版社 | 杭州
ZHEJIANG GONGSHANG UNIVERSITY PRESS

图书在版编目(CIP)数据

工程建设施工项目管理：写给路桥建设者 / 董耀文
著. — 杭州：浙江工商大学出版社，2023.5
ISBN 978-7-5178-5464-7

Ⅰ．①工… Ⅱ．①董… Ⅲ．①公路桥－桥梁工程－工
程项目管理 Ⅳ．①U448.14

中国国家版本馆CIP数据核字(2023)第071178号

工程建设施工项目管理——写给路桥建设者
GONGCHENG JIANSHE SHIGONG XIANGMU GUANLI——XIE GEI LUQIAO JIANSHEZHE

董耀文 著

责任编辑	杨 戈	
责任校对	都青青	
封面设计	朱嘉怡	
责任印制	包建辉	
出版发行	浙江工商大学出版社	
	（杭州市教工路198号　邮政编码310012）	
	（E-mail：zjgsupress@163.com）	
	（网址：http://www.zjgsupress.com）	
	电话：0571-88904980,88831806（传真）	
排　　版	杭州朝曦图文设计有限公司	
印　　刷	广东虎彩云印刷有限公司绍兴分公司	
开　　本	787 mm × 1092 mm　1/16	
印　　张	10.5	
字　　数	267千	
版 印 次	2023年5月第1版　2023年5月第1次印刷	
书　　号	ISBN 978-7-5178-5464-7	
定　　价	50.00元	

序

想写一本书的想法由来已久，但迟迟未能动笔，根本原因在于，我始终没有想明白，站在自己的人生立场，到底应该写哪方面的内容，以及写给哪些人看。

在一个阳光明媚的周末的早晨，我无意间刷到一条关于陈丹青老师的视频，我想我应该是从这个视频中找到了答案。视频的原话是这样的："以我的性格，在这个时代一败涂地。活在今天必须是一个非常优秀的机会主义者才行，你得足够无耻，足够勇敢。我不带贬义，大多数成功都不是靠业务之外的人际关系做大的，可是在今天的社会，这太重要了，几乎是决定性的，所以我无法给今天的人有什么建议。"

仔细回想一下，在我们小的时候，被夸奖的维度特别多，比如：钢琴弹得很好，篮球打得相当不错，跟小朋友相处得非常好，学习成绩优秀，调皮捣蛋将来一定能干大事，等等。小时候，我的父亲在别人面前常夸我很节俭，手里有几毛钱，也是买点家里能用的东西。因为这句话，我就能开心好久。等长大后，评判我们是否成功的唯一标准变成了赚钱能力，比如你拥有多大的房子、拥有几套房子、开什么样的车、戴什么样的表、抽什么样的香烟、处于什么行政级别，等等，这都是有没有钱的象征。当前，人们对物质过于崇拜。

然而，物质的过度满足也带来了更多精神的困扰。在我看来，人生应该建设两个家园：一个是物质家园；一个是精神家园。两个家园应该相辅相成，要时刻保持平衡，如此才能保持个人内心的开心与幸福。

人和人的差别在于如何最大化地用好工作之外的时间。有些人用来挥霍，有些人用来社交，有些人用来提升自己。多年以后，你会发现，不同的选择将产生不同结果。因此，在这个充满诱惑、物欲横流、信息大爆炸的时代，越自律才能越优秀，未来属于善于约束自己的人。

从新冠疫情暴发到今天，提笔已经过去两年多的时间，疫情防控也进入常态化。很感谢过去的这两年多时间，让我静下心去思考。现在，我想把这些所思所想与大家分享，希望能为当下浮躁的社会带来一些正能量，启发更多人加入思考、改变的奔涌浪潮中。

董耀文

2023.3.1

F前　言
orword

　　本书主要分为三部分,第一部分为思想建设篇,主要是为初入路桥施工行业的年轻人或其他在职场中感到迷茫的项目管理者提供价值观、人生观等方面的思考与启发,阐述如何在后疫情时代积极进取寻求个人在社会中的价值。35—45岁,是人生的关键阶段,在此阶段,随着职位的提升、权力的扩大,成年人面对的问题与诱惑愈加纷繁复杂。因此在此阶段如何培养个人的意志力极为重要。如果个人能在这个阶段对人生有清晰的认识和科学的规划,那么在以后的岁月中,他/她就可以走得更稳更远,将人生价值最大化。

　　第二部分为管理方法篇,是我在将近十五年的项目管理工作中积累的经验和总结,所得出的实用项目管理工具、方法,供读者们参考,希望能够启发大家在工作中寻找适合自己的管理工具和方法。

　　第三部分为施工工艺篇,主要内容为路桥项目的施工技术和小微改、小创新,旨在启发读者按照"四个有利于"的原则去解决实际问题,即有利于安全环保、有利于技术质量、有利于进度管理、有利于提升企业核心竞争力。

　　对于第二部分和第三部分的内容,仅供读者朋友们参考。不同的施工企业、项目管理团队,项目管理方式千差万别,采用何种管理工具需要因事而异,因人而异。就如春节回家过年,可以步行、骑行,也可以开车、坐火车、坐飞机等,这跟我们离家的距离有关,也跟自己的经济实力、消费习惯以及时间等多方面因素有关,选择最适合自己的方式,达到目的即可。

　　编写本书旨在提供一种思考方法,帮助初入职场和感到困惑的年轻人树立一种正确的人生观、价值观,启发大家从多种角度思考问题。因本人水平有限,如读者发现文中有不当之处,望不吝赐教,以便改正。

目 录
Contents

1. 做好思想建设 ……………………………………………………1

1.1 关于人生价值 …………………………………………3

1.2 关于价值观 ……………………………………………5

1.3 用读书来滋润你的"心田" …………………………7

1.4 用运动调节你的精气神 ……………………………9

1.5 内求是自我精进的唯一法门 ……………………11

1.6 任何时候都不要跟对方的认知较劲 …………13

1.7 通过协调调动人员的积极性 ……………………15

1.8 职业发展路上重要的是积累"资产"而非"资历" ……17

2. 关于项目管理方法的几点建议 …………………19

2.1 关于项目管理的方法论 …………………………21

2.2 各方满意的本质就是合理 ………………………23

2.3 项目管理的思想启示录 …………………………25

2.4 创新就是不断地自我迭代 ………………………27

2.5 共生体班组建设 ……………………………………29

2.6 项目成本管理四原则 ……………………………………………31

2.7 项目管理周循环 ………………………………………………33

2.8 永远给员工希望 ………………………………………………35

3. 工程施工工艺总结 ……………………………………………37

3.1 概述 …………………………………………………………39

3.2 水网平原区桥梁施工标准化 …………………………………41

    3.2.1 钢筋厂建设 ………………………………………………41

    3.2.2 桩基施工标准化 …………………………………………49

    3.2.3 圆柱形墩柱保护层控制工艺标准化 ……………………71

    3.2.4 盖梁骨架整体吊装精度控制 ……………………………82

    3.2.5 大体量多尺寸盖梁组拼式模板的应用 …………………100

    3.2.6 桥梁下部结构全天候、全湿润、自动喷淋一体化养生循环系统 …110

    3.2.7 预制小箱梁标准化施工 …………………………………113

    3.2.8 桥面铺装及护栏标准化施工 ……………………………139

1. 做好思想建设

1.1 关于人生价值

在《景德传灯录》中有这样一段场景描述：

梁武帝："朕即位以来，造寺、写经、度僧，不可胜纪，有何功德？"

达摩祖师："并无功德。"

梁武帝："何以无功德？"

达摩祖师："此但人天小果，有漏之因，如影随形，虽有非实。"

其实，梁武帝的这些所谓"功德"，并非真的功德，只是福田而已。抛开禅宗角度来看，梁武帝一生确实修造了很多寺庙，撰写了许多经注，但他的价值也仅仅只是造寺、写经、度僧。作为南北朝时期的梁朝建立者，他是如何真正存在于人们心中的？他的人生价值又有几何？答案必然形形色色。

对于人生价值，每个人都有不同的看法和答案。我们身边总是充斥着各式各样的观点，或来自媒体网络，或来自师长亲友。不同的观点左右着我们的思考和认知，也影响着我们对人生价值的判断，那么人生价值到底是什么？

"终日奔波只为饥，方才一饱便思衣。衣食两般皆俱足，又想娇娥美貌妻。娶得美妻生下子，恨无田地少根基。买到田园多广阔，出入无船少马骑。槽头扣了骡和马，恐无官职被人欺。当了县官嫌官小，又要朝中挂紫衣。心满意足为天子，又想长生不老期。一旦求得长生药，就跟上帝论高低。不足不足不知足，人生人生奈若何？若要世人心里足，除是南柯一梦西。"清代《解人颐》中的这篇白话诗，正是我们大部分人心态的真实写照。当下，我们在工作中都会遇到职业的天花板。比如在建筑行业，每个项目、每个部门都有负责人，每个公司也有副总、总经理、董事长，职位的天花板跟每个人所处的工作环境等多种因素密切相关。大多数人只想着怎么在职级上往上爬，却没有思考如何去树立和实现自己的人生价值。

我们可以用"人生坐标系"去理解人的一生。三维坐标的左右轴即横轴,可定义为时间轴;上下轴即竖轴,视为我们能够得到的物质财富,可定义为物质轴;前后轴作为我们达到的精神财富,可定义为价值轴。

一个人的人生轨迹,就应该是随着时间的延伸,积累的物质财富越来越多,但物质财富终归是可计算的,且达到一定程度后就会保持不变,直到死去。但人的欲望是永远不会满足的,许多人往往因此而身陷囹圄。我们真正要注重的,应当是前后轴这条轨迹线的粗细,轨迹线越粗,说明我们的精神财富越富足,个人价值就会越大,从而可以给周围的人带去更多的正能量和影响力。

在"七一勋章"获得者辛育龄身上,精神富足得到了最好的诠释。"救死扶伤平生愿,人生价值是奉献"是他的人生信条。从个人在胸外科领域多个方面取得"从0到1"的突破,到培养千余名胸外科技术骨干,辛育龄的人生历程生动诠释了共产党人报效祖国、心系百姓的博大情怀。

1939年4月,年轻的辛育龄见到了影响和改变他一生的人——白求恩。硝烟弥漫的战场上,担任司药的辛育龄和白求恩一起救治伤员。中华人民共和国成立之初,我国医疗事业艰难起步,百废待兴,胸外科几乎一片空白。从苏联获得医学副博士学位回国的辛育龄,毅然选择到位于北京通州的中央结核病研究所工作,并组建胸外科。

在胸外科医学事业上,他忘我奉献,做出卓越贡献。"非典"疫情期间,中日友好医院成为定点收治医院。时年82岁的辛育龄作为医院的首席专家,参与了每一位重症病人的会诊工作。2008年,汶川发生特大地震,他主动捐款1万元,又交纳特殊党费1.2万元。在辛育龄身上,我们不仅看到了"奉献"和"大爱",也看到了人生价值。

所以,关于如何实现人生价值这个话题,最理想的答案便是,我们在合理地追求物质的同时,也要去追求更多的延伸价值。正如杨绛先生在《走到人生边上——自问自答》这本书中提到的:"人活一辈子,锻炼了一辈子,总会有或多或少的成绩。能有成绩,就不是虚生此世了。"

1.2 关于价值观

每个人都有一套自己的价值观,即个人对客观事物和对自己行为结果的意义、作用所形成的一套总体评价体系。《素书:感悟传世奇书中的成功智慧》一书中这样描述价值观:"它是每个人人生价值取向的意识和标准。在韦伯字典里,价值观是内心认为值得或欲求的原则、标准或品质。在拉丁语解释中,价值观则是力量的来源,因为它能赋予人力量去采取行动。价值观是根深蒂固的标准,几乎影响一个人生活的各个层面——道德判断、对他人的态度,以及对目标的投入。"

从初入学堂的少年,到进入职场的青年,再到两鬓斑白的老人,不同年龄段的人可能会有不同的价值观。而价值观的正确与否取决于个人的思想修养。我们很难想象一个推崇个人利益至上思想的人会为组织的发展贡献自己的全部。同样,一个具有很高修养的人不可能为了个人私利而损害公共利益。因为有较高的觉悟和正确的价值观,人们才能不只是为个人利益行事,而是能够从更广泛的意义上看待事情。因此,作为初入职场者或是已经在职场打拼多年的项目管理者,要想取得成就,就必须从提升自身修养做起,正所谓"是以其道足高,而名重于后代"。

不论是组织中的个人还是自由职业者,都需要树立正确的价值观。

自党的十八大召开以来,以习近平同志为核心的党中央,从党的历史使命出发,以"不惜得罪千百人,决不辜负十三亿"的使命担当,兑现了"打铁必须自身硬"的庄严承诺,将全面从严治党作为重中之重的工作,纳入国家发展战略全局中,把党风廉政建设和反腐败斗争提升到了一个新的高度,党的建设取得了历史性成就。在这个过程中有许多人在廉政建设和反腐败中身陷囹圄,究其原因,是他们的价值观发生了扭曲。

小到个人层面,大到社会层面,社会主义核心价值观就是指引我们前行的旗帜和

方向。习近平总书记在党的二十大报告中指出:"社会主义核心价值观是凝聚人心、汇聚民力的强大力量。"这一重要论断,深刻阐明了社会主义核心价值观的重要地位和重大意义,为我们广泛践行社会主义核心价值观,不断夯实全民族全社会休戚与共、团结奋进的思想道德基础指明了方向。

核心价值观是一个民族赖以维系的精神纽带,是一个国家共同的思想道德基础。任何一个社会都存在多种多样的价值观念和价值取向,要把全社会的意志和力量凝聚起来,必须有一套与经济基础和政治制度相适应,并能形成广泛社会共识的核心价值观。核心价值观的建设,说到底就是人的思想建设和灵魂建设。每个人有不同的人生价值,亦有属于自己的价值观,正是因为所处的位置不同,就更要努力找准自己的位置,将小我融入时代的大我之中。

1.3 用读书来滋润你的"心田"

一天中午,同事突然问我使用了什么方法戒烟。其实这个问题我已经被问了无数次,也回答了无数次。因为,之前我的烟瘾比较大,抽烟频率也很高。我向来是直接把戒烟的心路历程描述一遍,告诉对方要顺其自然,避免用意志力去戒烟,否则容易复吸。但这次我给出了另一种答案:每个人的内心都有一块真正属于自己的土地,我们可以称之为心田。在人生的长河中,我们会产生各种各样的念头,当戒烟的念头开始萌生,你就相当于在心田里播下了一粒种子,至于这粒种子最终能不能发芽、成长、开花、结果,那就要看你是否在这块心田上施肥、浇水,特别是你是否给予更多关爱。

春有百花秋有月,夏有凉风冬有雪。在我看来,发芽不仅要看环境,还需要人为的施肥、浇水。《黄帝内经》中有养生要顺应四时的道理。我们无法改变环境,能做的就是顺应大自然的规律来调整作息、饮食等,以达到养生的目的。对照现实生活,只要处于社会大环境中,我们就要学会适应。我们会遇到各种各样的领导、同事,不同时期会面对不同的规章制度与社会规则,这些都是无法改变的。我们应该做的就是如何顺应它并且不断努力提升自己。

人是拥有主观能动性的动物。人活在世上,许多东西我们无法改变,只能接受,那就多在自己的心田种上一些坚强的、向上的、利他的、包容的优良种子,而要达到这一目的,一个最有效的途径就是阅读。

"读一本好书,如同交了一位益友。"读书能让我们感受到心灵深处的快乐。我们能在读书中学会思考、悟道。每一个美好思想、每一幅美丽的画卷,都能通过读书带给我们。书为我们打开了一扇认识世界的窗户。

我们经常能在朋友圈刷到各种励志的心灵鸡汤,说要改变阶层、改变圈子、改变

命运。对于普通人而言，虽有道理，但执行起来却难如登天。可是阅读却是很容易的。书籍是大多数人都能接触并且买得起的。通过读书，我们能够与数千年前的优秀人物隔空对话，研究他们的思想，因此读书是提升自我的最佳办法。

我们要读历史。正所谓"以史为鉴，可以知兴替；以人为鉴，可以明得失"。科技日新月异，时代不断进步，我们要如何顺应时代，结合自身实际做出正确的选择，只有了解历史才能做到。

我们要读地理。现代人不一定有充足的时间用脚步去丈量大好河山，那就通过阅读，去了解大自然的奇妙，去感受人类的渺小，从而更加科学地认识自己。

我们要读哲学。日常生活中，各种各样的问题困扰着我们，许多人总会陷入无谓的内耗和纠结。哲学就是一剂良药，它不是枯燥的理论，而是教导人在烦嚣尘世中获得幸福人生的方法，让人能够"即使身处阴沟，也仰望星空"。

我们还要读日月星辰。从日月星辰中，我们可以读懂周易八卦，读懂中医音乐，如此才能明白原来日月星辰跟人类有这么紧密的关联。

鸟欲高飞先振翅，人求上进先读书。去阅读吧，在阅读中感受华夏文化的辉煌与灿烂，在阅读中不断增强我们的民族自豪感和责任感。

1.4 用运动调节你的精气神

近年来,越来越多的人开始注重养生,我们工程建设行业的同行也是如此,不知从什么时候开始,养生渐渐变成了聚会不可或缺的话题。

我认真回顾了自己从毕业到目前为止经历过的项目,也了解了一下周边的同类型项目,发现在工期越紧张、质量安全等管理压力越大的项目中,我们日常的体育运动形式越丰富,员工的精气神越好。

刚开始还有些不理解,现在我终于找到了答案。人一旦有了压力,就会寻找释放压力、平衡压力的方法,而运动就是最好的一种方式,比如打篮球、跑步、跳绳等。同样地,越是做压力大的项目,自我提升的动力和学习求知的精神也就越足,这或许就是一种相互促进。

我比较喜欢跑步,有一段时间因为作息和饮食不规律以及项目生产压力大等,身体开始变胖,逐渐有了啤酒肚。那时疫情刚开始,在意识到身材变化后,我主动开始调整。我每天早晨五点起床,在项目地周边步行十千米。在完全属于自己的这一个多小时里,我发现可以思考很多问题。以前,不仅白天要忙忙碌碌地工作,晚上也时常有各类会议,每天只是机械地重复工作,被事情推着往前走。一年以后,我发现身体素质有所提升,便试着开始跑步。迎着朝阳出汗的感觉真的难以用言语形容。

现在,跑步已经成为我生活中不可或缺的一部分。我喜欢跑步带来的酣畅淋漓的感觉,喜欢因为运动,身材变好、精神饱满的感觉,喜欢在跑步时大脑中突然蹦出各种奇思妙想的感觉。许多灵感后来也陆续用到了项目管理中,慢慢形成了自己的一套管理方法,本书中提到的各种理念思路以及方法论等内容,基本都是拜跑步所赐。

当然,运动不局限于跑步,只要适合自己,各种方式都可以尝试。我身边还有很多人专注于跳绳,也有人喜欢打篮球、打羽毛球、游泳。

虽然运动是一个好习惯,但现代人每天的工作节奏都很快,如何才能真正动起来呢?我的观点是,把运动融入原本就要做的事情里,这样有助于长期坚持并养成习惯。

举两个简单的例子。有一个刚毕业的大学生,比较胖,每天骑电动自行车去上班,从办公地到工地,也就两三千米。出于某些原因,他内心总有减肥的念头,可实际执行起来并不容易,因为加班或其他各种事务。直到有一天,他突然想到,既然"距离不远,为什么不跑步上下班?"按照这个思路,他很快行动起来,不仅瘦了不少,精神面貌也比之前更好了。还有一位领导,他每天上班前都会骑自行车,从工地起点骑到终点,来回差不多十五千米,当其他同事每天还在抱怨各种身体指标出问题的时候,他既了解了项目每日施工进度,检查了工作,还锻炼了身体。

其实不只是运动,其他任何事情,如读书、思考等,都应该将它们融入日常生活中,根据个人的工作和生活实际灵活调整,从而使它变成习惯,坚持一段时间后,你会发现,其实自律很美。

1.5 内求是自我精进的唯一法门

关于内求的古文有很多。孔子说："君子求诸己。"孟子说："行有不得者，皆反求诸己。其身，正而天下归之。"王安石则认为："圣人内求，世人外求。内求者乐得其性，外求者乐得其欲。"王阳明也曾讲要"内圣外王"等。

这些内容其实不难理解，很多人从小就在背诵这些课文，但是真正领会其中深意的并不多。有些人马上就能领悟，有些人可能一生也没参透其中意思，这跟我们所处的环境和个人经历都有关系。因此，在我们漫长的成长历程中，如果能早一点经历一些事情，我们就会早一点收获豁达。正如杨绛先生说的："人虽然渺小，人生虽然短，但是人能学，人能修身，能自我完善，人的可贵在于人的本身。"

有一年在老家过年，我对来拜年的侄女随口一问："你是喜欢当老大，还是当老二啊？"她回答道："喜欢当老二。"这个回答可能是当下家庭中排行老大的孩子的想法。因为一旦老二出生，父母的时间和精力就要匀出一部分给老二。准确地讲，不是爱一分为二，爱永远不会减少，只是一部分精力会转移到老二身上。我当时跟侄女开玩笑说，当老大也有很多好处，因为从小就要经历那些自认为的"不公平待遇"，要早早学会理解、包容。

正因为我们每个人都会经历各种各样的事情，所以很多经历其实是越早越好的。我们很难去改变别人，包括我们的父母、爱人和子女，唯一能做出改变的只有自己，因此，要学着接受世间的一切，被不理解、被欺骗、被抛弃、被爱过、被恨过、被不公平对待过……这些都是必须经历的。经历本身就是一笔财富，我们唯一要做的就是不消极沉沦，以积极的心态学习、成长。

还记得几年前，我们团队为建设单位负责的项目做前期策划方案。当时就有同事质疑，认为项目最终不一定给我们，花这么大的精力没有什么意义。我的回答是：

"既然公司把任务交给我们，就不需要考虑是否能中标，而是把它当作自我学习提升的大好机会。"事实证明，任务完成后，大家确实都受益良多。内求的第一步就是经历。正如王阳明在《传习录》中所言："人须在事上磨，方能立得住。"只有经历事情，才能在过程中总结和自我反省，思想观点才能得到升华。

作家刘润也曾说过，普通的人改变结果，优秀的人改变原因，而更高级的人改变思维模式。40岁也好，50岁也罢，大多数人缺少的，永远是别样的思维方式。跳出原有格局，用经历和内求，去学习崭新的思维，所有困难都能迎刃而解。

1.6 任何时候都不要跟对方的认知较劲

众所周知,人与人之间,认知有很大差异,因为所受教育不同、家庭不同、接触人员不同、经历不同,所以所知所想一定会存在差异。

古人云:"井蛙不可以语于海者,拘于虚也;夏虫不可以语于冰者,笃于时也;曲士不可以语于道者,束于教也。"拥有不同认知的人,对事物和世界的看法必然不同。任何时候,我们都不要跟他人的认知较劲。与其跟他人进行非必要的争论,不如不断积累、提升自己的认知,做正确的事情。

君子和而不同。我想表达的第一个观点:承认个体认知存在差异,是与人相处的重要前提之一;尊重不同,理解差异,更是一种修养。拿工作来举例,当我们进入职场以后,首先要学会的就是接受环境,明白领导、同事间会存在不同观念,并抱着客观态度去交流,理性探讨,而不是带着"我就是对的"这种态度试图同化别人。特别是在与每个职场人密切相关的评优评先、选拔晋升时,个人认为的正确性与决策者所做出的决定之间可能存在着较大偏差,这是因为决策者和我们所处的位置不同,其所认为的合理性也不相同。不管处于哪个位置,最重要的是,我们应思考如何做好自己的本职工作,给公司带来更好的效益。当自己的价值被别人看到时,自然不再需要纠结认知的不同。

我想表达的第二个观点:拥有理性正确的认知和判断能力非常重要,这需要不断学习积累和实践磨炼。一个领导者在到达高位之前的积累很重要。只有在起始位置上有了足够多的积累,进入上一层级岗位后才能做出正确的决策,少走弯路。否则,对一个人、对一个企业造成的损失将难以估量,更有甚者,还会改变一个企业的命运。因此,很多时候强调企业文化、企业价值观,就是为了不让领导者的决策把企业发展带偏。实际上,这往往避免不了。职位高的领导者的认知和判断就显得更加重要。

职位高的领导者的认知一部分源于长期积累,一部分源于各层级收集的信息、提供的思路。这就要求我们每一职级的人都要努力学习,不断进行深度思考、总结提升,唯有如此,我们才能形成理性认知,推动企业良性发展,同时实现自我价值。

我想表达的第三个观点:每一个人都应该学会乾坤两卦的精神,即儒家的进取精神和道家的柔顺精神。清华大学的校训是"自强不息,厚德载物"。这两句话分别来自《周易》的两个象辞"天行健,君子以自强不息"(乾卦)、"地势坤,君子以厚德载物"(坤卦)。在任何一个职位上,都存在上级与下级,不论我们是领导者还是执行者,都应当奉行这两句话。首先要做到的就是"自强不息",不论我们的年龄多大,永远要保持一颗向上、向善、向好的心,确保自己的认知不趋向错误;而"厚德载物"则要求我们有一颗包容的心,每个人的认知都不一样,我们需要做的仅仅是理解、尊重,或进行客观探讨,同时做好自己的事情。

正如周国平在《人生不较劲》一书中所说的:"盲目较劲往往是人世间痛苦的根源,唯有具备不较劲的智慧,你才能把劲儿节省和积聚起来,使在正确的方向上。"

1.7 通过协调调动人员的积极性

协调是管理的一项基本技能。卡耐基曾说:"组织的第一个原则就是协调,协调是一个首要的法则。"管理就是通过协调各种关系来实现调动人员积极性的目的,最终形成共赢局面。

粗浅概括,我认为协调包括以下两方面:一是对人与自然之间关系的协调;二是对人与人之间关系的协调。

人与自然是和谐统一的关系,二者相互联系、相互依存、相互渗透。人与自然的关系经历了三个阶段:人类社会初期,人类还无法适应恶劣的生存环境,只能依靠自然界提供的现有物质资料生存;进入农业社会,人类开始利用自然创造物质资料来满足自身需求;到了工业文明时期,人类能力不断增强,企图改造、征服自然,但有些行为违背了自然规律,从而产生了严重的后果。随着文明的发展,人们逐渐意识到人与自然是一种共生关系,应顺应自然、尊重自然。

以工程建设领域为例,只有协调好人与自然的关系,施工时,才不会虚耗财力、物力、人力,消磨人员的积极性。近年来,国家对环保的要求越来越高,如果我们在前期施工安排中不考虑废水、废渣、废气等污染物的排放、利用,那么这个项目就会因为污染环境被当地相关职能部门叫停,并且工作人员的精力也会被无意义消耗,从而严重挫伤工作人员的积极性。因此,协调好人与自然的关系,是管理调动人员积极性的首要前提。

另外,协调人与自然的关系还可以理解为我们做任何事情都要顺应大自然的规律。比如北方特别冷,冬天只能停工备料,待来年春暖花开后再开足马力干活,这是基本的常识。每个地区的气候都不一样,新的工程施工之前,首先要做的就是了解当地的气候条件、降雨量等,然后结合项目的实际情况来安排生产。

人与人的关系比较好理解，人际关系和谐融洽，工作效率才能提高。当然，这个和谐融洽不是当"老好人"，而是把它理解为人与人之间没有"心结"。很多工程建设推进得不顺利、施工效率不高等现象与不畅通的人际关系息息相关。比如，站在建设单位的角度，某项工程因为政府要求或者投资方要求，需要在某个时间节点前完成，但是施工单位不理解事情的紧迫性，总认为不完成也没什么关系，这种情况就属于人与人的关系出了问题。

正确的做法应该是我们事事都要想在建设单位前面，更要干在建设单位前面，想业主之所想，急业主之所急；应该未雨绸缪，提前谋划，极大地减少与上级单位的沟通成本，提高沟通效率、工作效率，真正与建设单位实现双赢。我们对待所有的上级单位都是同理。单位之间，由于所处的位置不同，有时难免会产生冲突，而管理所要做的就是协调这些矛盾，使各单位团结一致，密切配合，互相支持开展工作。同样地，带领团队的工作人员也需要积极调整上级、下级的关系，让上级能支持和帮助下级，让下级能理解、落实上级的提示，从而有效调动人员积极性。当然，这是比较理想的状态，在实践过程中还有许多困难需要克服。

以协调作为工具，充分调动人员的积极性，才能助力项目管理走向成功。

1.8 职业发展路上重要的是积累"资产"而非"资历"

《现代汉语词典》中,"资产"的释义为"财产""企业资金","资历"指"资格和经历";而在网络释义中,"资产"被认为是"资本和财产的统称","资历"则是"资质和阅历"。

因词语定义较多,在本文中,可以将"资产"通俗地理解为能积累并给自己带来收益的成果,"资历"即过往的经历,获得的认可、经验、知识等。很多人常遇到的问题就是只有"资历"没有"资产",这种情况下,很难应对外部环境的变化,以及工作中的不确定性。

有人说,只要把自己变成一家公司,就不迷茫了。的确,在网上随便一搜,这方面的话题很多,我们在此不过多探讨,只是与大家分享一下自己的思考与理解。

记得上大学的时候,同学们都在忙着考英语四级、六级,那时候我并不知道拿到这个证书对自己有什么用,唯一的想法就是跟着大家伙儿一起努力奋斗,最后顺利拿到了英语四级证书。在大四找工作的时候,招聘单位的要求是如果有英语四级证书可以把户口落在北京,没有的话只能落在别的地方,当时也就顺理成章地拿到了北京户口。现在想想如果没有这个证书,自己的人生也许会是另外一番景象。我越来越喜欢杨绛先生的这句话,"一种选择就是一种生活",很感激当时努力的自己。

在职场中,我们需要用各种证书来支撑自己,比如注册建造师、注册造价师等。在不同的岗位上有不同的证书要求,如果拥有相关证书,你就有了比别人更多的选择权。如何与公司同频共振,很重要的一点就是,在公司需要某种具体资质的时候你刚好能够补上。

以上说的还只是一方面,在企业内部,还有哪些"资产"? 在我看来,工作中获得的各类荣誉就是"资产"。如果你只是按部就班地上班,那么资历很难转化成可以积

累、能给自己带来正反馈的"资产"。荣誉能将贡献和价值量化,荣誉越多,越能证明自己的价值,从而提升个人在企业内的影响力。同样地,你的职位和收入也会随着影响力的扩大自然而然地得到提升,这就是"资产"。

"资产"带给我们的收益会随着时间的增加而增加,而"资历"不会,资历更多的是反映一个人的工作经历。资历深的人一般经验丰富,但能力不一定很强;而"资产"则能较为直观地反映个人在某些领域的能力和水平。不管是企业对外的人才招聘,还是企业内的工作调动,资产往往要比资历重要。

因此,我们更需要去思考在企业中怎样才能积累有价值的"资产",并分享到企业发展红利。这就需要我们将自身资产积累的步伐与企业发展保持一致,比如:企业缺少市政专业的注册一级建造师,那我们就要第一时间学习并拿到这个证书;企业需要技术创新解决当前各类问题,那我们自身同样也需要在这方面发力。我在项目管理过程中总结的"四个有利于"原则,放在这里同样适用。只要做有利于企业"安全、质量、质效、核心竞争力"四方面的事情,并把自己的职业成长与这四个方面结合起来,大胆向前走,那么个人的核心竞争力也不会有问题。

随着社会的不断变革,资历在市场竞争中的作用实际上是越来越小的,而那些与时俱进、不断积累的"资产",才是职业发展道路上的重要财富。

2. 关于项目管理方法
的几点建议

2.1 关于项目管理的方法论

随着社会的不断发展和国家对现代化基础设施需求的增加,工程施工项目与日俱增,对项目品质的要求也越来越高,与时俱进的项目管理方法及具体措施显得更为重要。既要消除主观矛盾,又要降低客观风险的发生概率,全面加强管理,积极落实管理措施。相对而言,路桥工程施工项目的管理范围比较广,不仅要对技术、材料进行管理,还要对施工人员进行管理,制定从上到下的管理策略,力求取得理想的管理效果。

在项目推进过程中,首先无法避免的就是各式各样的检查。无论是公司内部、建设单位、行业主管部门领导还是分管生产安全的领导,他们都会重点关注生产安全。分管投资经营的领导来检查,一定会关注投资收益和成本控制;分管技术质量的领导必定更关注技术和质量。不同的分管领导对项目要求不同,质量、安全、进度、成本的排列顺序也会相应发生变化。

在我们日常工作中,还有一个常见现象,即对项目管理人员的要求越来越全面。项目经理既要懂开发,又要懂经营;既要懂技术质量,又要懂安全环保;既要接待应酬,又要深入一线。对技术员的要求同样如此,不仅要会写资料,还要会搞质检;抓安全,更要保进度;会协调,还要会维稳。面对繁杂的要求,到底应该怎么做,这是摆在项目参与人员面前的一道难题。

除此之外,各种形式的管理制度和要求屡见不鲜。表格怎么填、流程如何走,面对同样一件事情,不同的部门可能还会有不同的要求。

凡此种种,经常会让我们感到困惑和烦恼。

美国前国务卿基辛格曾说过一句话:"人在到达高位之前的积累至关重要。"我们不妨深入地思考:在基层工作,就是要透过现象看本质,努力提高自己的工作效能;在

高层工作,同样要根据本质提要求,努力提高基层的工作效能。

在路桥建设领域中,不论各级领导提出怎样的要求,从工程建设项目本身来讲,都无法离开"人、机、料、法、环"几个关键因素,最终的落脚点还是基础的进场教育、安全培训、技术交底、三检制度等。不论上级喊什么样的口号,也都离不开安全防护的设置、安全经费的投入、应急预案的设置等。

因此,不论上级要求采用何种表格、模板,只要把资源分配上去,把成本算清楚,把安全质量抓上去,那么最终一定能够达到要求。总而言之,完成一件事情的方法有千万种,我们做的工作万变不离其宗。作为项目管理人员,我们最需要做的就是形成一套属于自己的管理方法,并且对项目参建人员进行适时提点和帮助,目标明确,有的放矢,长此以往,高质量的工程项目必定会越来越多。

2.2 各方满意的本质就是合理

工程建设领域中的从业者,想必都有这样的经历,在参与一项工程的过程中,会和建设单位、监理单位、行业主管部门以及社会各级相关部门、合作伙伴等主体打交道。各参建方代表的利益各不相同,每个单位对工程推进过程中的重要事宜所持观点也都不一样。如何去平衡好其中的关系,维护好生态,这在工作之初曾困扰过我很长一段时间。

建设单位大都是想通过某个项目实现自己的价值,或在建设过程中凸显自己的管理亮点和特色,这就要求我们从不同视角来考虑事情。从社会层面来讲,首先要保障的是老百姓的利益,与此同时,还要兼顾地方各级政府部门格外关注的维稳问题。工作要向前推进,同时不能给地方带来施工或安全等问题。从合作伙伴层面来看,大部分合作伙伴属于民营企业,它们最关注的自然是经济效益。从施工单位自身来看,最重要的就是如何在兼顾各方利益的同时,使自身利益最大化。

"用心浇注您的满意"是中交人的社会责任准则,也是服务理念。"浇注"混凝土是施工生产过程中的重要工序,为中国交建广大员工所熟悉,具有鲜明的行业特色。"用心"是中国交建员工应有的工作态度,员工工作既要认真,也要热情,更要履责。"满意"是中国交建的工作准则,致力于让各利益相关方满意,即让客户满意,让员工满意,让股东满意,让社会相关方满意。

在"用心浇注您的满意"影响下,我在长期的项目管理过程中,结合项目实际和经验,归纳总结出了"四个满意"重要原则,用此原则处理建设过程中出现的常见问题,取得了较好结果。

具体来说,第一个层面是让业主满意,工程项目如期交付是基础。凡事考虑在业主前是服务态度,只有把主动权掌握在自己手中,项目推进才能更轻松。第二个层面

是让社会满意,工程项目推进要确保社会稳定,抓好安全和保护生态环境两项工作。第三个层面是让合作伙伴满意,最大限度做好工程推进的要素保障工作,在最佳时间内让合作伙伴完成合同履约。当完成以上三件事情后,其实这个项目建设就会进入"快车道"。效率快,收益高,也自然达到了第四个层面——让施工单位满意。只有做到"四个满意",工程项目才算真的成功。当然,很多时候,尽管做到了上述几个方面,也有可能效益不佳,这时候,也应该从自身找原因。

分析"四个满意"的标准,我们可以总结出,各方满意本身即是一个矛盾点,如何找到性价比最高、最合理的方案,是项目管理人员需要动脑筋去思考的。

2.3 项目管理的思想启示录

每周一早上七点，在我们项目部的空地上，总能看到全体职工迎着朝阳，整齐划一，雷打不动地举行升旗仪式。随后，集体宣誓，复习思想启示录和核心价值观，进行反观内省，以此提振士气。新的一周随即开启。

所谓思想启示录，其实是我在项目管理过程中总结出的九条心得体会，目的是给大家传递一种正确的价值观，这能给日常项目管理带来极大的好处。具体内容如下：

(1)我们的关系是领导者与领导者的关系，不是领导者与执行者的关系；

(2)想尽一切办法，采取一切措施，调动一切资源，解决关键线路上的关键问题；

(3)安全——我的责任，质量——我的责任，进度——我的责任，成本——我的责任；

(4)质量在我心中，标准在我脑中，工艺在我手中；

(5)以合同管理，以制度办事，履行上级公司各项规章制度，创文明规范项目；

(6)以鲁班精神打造优质品牌工程，用环保理念建设绿色文明工地；

(7)一个人凡事找外因，十年都是一个样子，凡事找内因，每天都是新的样子；

(8)成就大我，方可实现小我，我们要时时刻刻去思考业主需要什么，我们的公司需要什么，然后去付诸实践；

(9)竭尽所能是我们的文化，是我们做事的思维方式和行为准则，是驱动我们前进的力量，我们要始终坚信总有办法打开一扇锁着的门。

对于以上九条思想启示录，我们其实不难理解。我想对其中的第一条和第八条做一点补充说明。我们的关系是领导者与领导者的关系，这和一般的大众认知并不一致。但作为领导，成为下属的顾问或副驾驶员比直接替下属做决定，往往能收获更好的效果。相反地，作为下属，在不折不扣完成本职工作的基础上，更要想上级之所

想、急上级之所急。只有每个人把任务背后的原因理解到位,才能形成"上游思维",防患于未然,从而拥有更高的团队协作效率。

关于第8条,有些人可能会认为这是心灵鸡汤或思想绑架,其实不然。我们每个人都是当下时代发展大潮中的一份子,当企业处于上升期时,我们随着企业水涨船高;当企业处于下行状态,我们则也会受其影响。因此,只有齐心协力,才能让企业越来越好,站在企业的角度全力以赴做好本职工作,才能实现自我人生价值。这是最合理且有效的方法。

2.4 创新就是不断地自我迭代

在工程项目管理过程中,我们经常能看到各种各样的工法、课题、专利、QC创新。然而,其中很大一部分只是为了完成企业资质升级这一任务。"为了工法而工法、为了专利而专利"的案例不胜枚举。这就导致在推进项目建设过程中,许多所谓"创新"并没有转化成实际生产力。这不仅浪费了从业者的时间和精力,也影响了企业管理的迭代升级。

在二十一世纪,建立满足生产力发展需求、市场需求、提升企业文化及品牌效应需求的项目施工管理模式,走"创新、改革、发展"的一体化道路,是施工项目管理亟须面对的一项艰巨任务。

在我看来,为了创新而创新不过是空喊口号。把实际生产过程中存在的质量、安全、效率、核心竞争问题解决掉,才是真正的创新。基于这一思路,我在项目管理过程中总结提炼了"四个有利于"原则,即有利于安全环保、有利于质效提升、有利于成本节约、有利于提升核心竞争力。凡是在项目管理过程中与这四个方面相关的做法,就应该重点关注、灵活运用,这样做往往能收获可喜的结果。比如,由我们参与建设的湖杭高速,就是浙江省内第一条全线采用废弃灰土填筑路基的高速公路。用废弃灰土做原料,在集中封闭场拌和,综合利用土资源,在让废弃土方变废为宝的同时,解决了扬尘带来的环境污染问题,真正实现绿色可持续发展目标。

归根到底,创新就是不断解决企业发展中遇到的各种问题,正所谓"发展中的问题要在发展中解决",只有这样,企业管理才能不断实现自我迭代升级。基于自我更新迭代,我们在项目管理过程中还形成了各种小微改、小工艺,极大地提升了项目管理效率。本书第三部分就是基于"四个有利于"原则展开的技术分享。

当前,各行各业的首席执行官都力求提高企业的创新能力。可以说,施工项目管

理的核心就是创新,现代企业管理需要我们摒弃过去"等、靠、要"的陈旧观念,建立符合现代化生产需要的企业制度,施工项目管理创新恰恰符合时代的要求。纵观历史发展的长河,无论是从社会学的角度还是从政治经济学的角度来看,没有创新就没有进步,创新是一个企业发展的灵魂。

时代的巨大变革,迫切要求建筑施工企业加强对施工项目管理的创新,努力顺应建筑市场不断发展和日趋完善的需求。我们应当将不断进步和日趋完善的管理理论及时运用于项目施工管理中,及时将其转化为生产力,以提高企业的竞争力。只有用心打磨施工过程中的每一道工序,优化功效,提高效率和质量,才能达到安全环保的最高标准,最终达成节约成本的目标。

2.5 共生体班组建设

项目经理部对施工班组的管理往往都是"牵引式管理",具体来说,就是项目经理部核心管理人员与真正施工的一线工人间始终隔着班组管理者、项目一线管理人员等,在施工生产方面,很难达到项目、班组两级驱动的理想效果。另外,项目部与班组有各自的利益诉求。在项目管理过程中,很有可能因为过度管理而使班组成本增加,进而使上下指令执行不一致。同样,班组因不完全了解项目管理的相关要求,使功效降低或者返工的事情时有发生。

如何让项目部与班组的核心利益真正保持一致,与服务业主这一目标保持一致,就需要化"牵引式"管理为"穿透式"管理,真正在项目部与班组间建立起同呼吸、共命运的共生关系。

"共生体"班组管理模式正是由此而来。其内涵是施工企业以施工项目部为管理责任主体,以施工班组为直接管理对象,以作业人员为管理控制核心,引进系统化的安全、质量、进度教育培训观念,结合项目实际情况与班组管理现状,在班组作业标准化、班组"6S"管理基础上,以人性化的质安管理为理念,弘扬并创新企业优良的质安文化,增强一线作业人员的主人翁意识,转变一线作业人员的被动作业观念,打造高素质质安文明施工作业团队。

在以往项目管理中,我们总结推出了"1356共生体"班组建设总体实施架构,即一个目标、三项基本原则、五大体系建设、六重实施保障,旨在让项目部和班组成为利益共同体。

一个目标,就是要打造以价值创造为核心的班组建设理论体系,以价值需求为导向,以价值创造为核心,以价值评估为抓手,打造高绩效班组。不仅要为客户增加价值,还要为企业创造价值,为社会奉献价值。

三项基本原则,指坚持以人为本,提升一线作业人员的获得感,坚持以信息技术应用优化项目管理组织效能,坚持人机共生全面提升施工作业机械化水平。

五大体系建设内容涵盖班组教育培训体系、施工进度计划执行评价体系、实体结构物分级评价体系、安全隐患排查治理体系、班组考核评价体系。

六重实施保障指的是组织保障、党建引领保障、数据技术保障、创新机制保障、班组文化保障、资金投入保障。

这套组织架构可以根据实际情况进行灵活增减,关键是要抓住事物的本质,实现项目管理的效能最大化。只要管理目标明确,管理方法和管理工具可以千变万化。

2.6 项目成本管理四原则

项目成本管理是在满足项目质量、工期等合同要求的前提下,对项目实施过程中所发生的费用,通过计划、组织、控制和协调等活动实现预定的成本目标。近年来,由于受到各种因素的冲击,不少行业和企业纷纷进行"降本增效",因此成本管理的重要性不言而喻。

在项目成本管理过程中,我总结以往工作经验,得出了四个原则。其实,所有与成本相关的事情都是围绕这四个原则来推进的。具体内容分享如下:

(1)利润 = 收入−成本,而不是收入−成本 = 利润;

(2)没有预算管理的项目等于没有管理;

(3)预算管理的核心是计划管理;

(4)计划不能看到"结果",一切都是徒劳。

第一条原则,乍一看前后好像没什么区别,但实质上是完全不同的两个概念。项目管理的最终目标是实现财务结果,所以项目管理应以财务结果为导向。在项目开工之前,就需要通过测算确定项目的最终效益。具体来说,就是通过进度计划编排、要素保障、风险评价与策略应对等方式把预期利润前置。而后,在项目管理过程中,最大化地增加收入、降低成本,这就是所谓的开源节流、降本增效。

第二条原则是对第一条的补充。要实现最终的财务结果,就一定要真正落实预算管理。所有项目都是一次性工程,在管理过程中所面临的社会环境、地理环境、人文环境等因素各不相同,组织机构、分包模式等也要结合项目的实际特点进行相应调整。除此之外,还要根据自身掌握的分包商、供应商资源情况以及公司对项目的定位等,做出切合实际的预算管理,这就对项目管理者提出了更高的要求。

第三条原则是对第二条的进一步说明。事实上,预算管理最终都要通过编制计

划实现,具体又包含了进度计划、资源配置计划、资金使用计划,等等。其核心就在于考验项目团队对实际施工前桌面推演的深度。理想的结果是桌面推演深度与实际施工时的预算偏差非常小。

第四条原则可以理解成风险管理或者预案管理。项目管理最终都是由完成的每一个检验批组成的,完成一个检验批相当于可以回归一个检验批的利润。每一个检验批的利润都能实现,则项目的利润必然能够实现。但在实际项目管理过程中,其条件又是千变万化的。我们前期做的计划,在施工期间往往需要不断进行调整和优化。如何确保调整与优化的范围在预期利润实现的可控范围之内,这就是风险管理。我把这个过程叫作"如果式"管理,即在编制计划的时候,采取"如果式"的提问来完善和细化风险,比如:如果桩基础施工不能按照预定计划开工怎么办?如果招标确定的分包单位中途不能满足计划要求怎么办?如果某处的征拆影响关键线路怎么办?倘若在编制计划时,这些"如果"全部已经有相关应对措施,同时预期的利润能够实现,那么这个计划就是成功的计划。

"真正有智慧的人用未来决定他的现在,只有普通人才用现在决定未来!"在项目成本管理过程中,用这句话与大家共勉,愿我们都做一个有智慧的人。

2.7 项目管理周循环

太阳东升西落，月有阴晴圆缺，从周一到周日，从月初到月末，春夏秋冬，一年四季更替。在我们身边，万事万物都是如此不断循环向前发展的。

在工作中同样如此。每天，我们需要面对各种纷繁复杂的事情，每个人都希望按部就班、有节奏地完成工作。但如何达成这个目标，不同人有不同的做法。由于所处环境、所遇人物各不相同，大家会形成各式各样的管理风格，使用不同的管理工具。我在项目管理过程中摸索总结出了一套"周循环管理"机制，具体来说，就是以一个星期为单位，周而复始，做好应该做的工作。

周一是每周的开始，需要让全体员工以饱满的精神状态迎接周一。雷打不动地举行升旗仪式成了我们项目部的传统。此外，通过集体宣誓复习思想启示录和核心价值观，进行反观内省，提振士气，新的一周随即开启。

周一早上，大部分政府职能部门、业主等单位都在开早会，一般不会开展实地检查。待升旗和宣誓仪式结束后，我们会在会议室进行全员成本通报。项目最终的目标是实现经济效益，以日成本核算为依托，每周一我们都要对本周成本的执行情况做简短通报，这也是工程部门、经营部门和财务部门相互统一核对数据的一种方式。

接下来便是开项目经理办公会，主要解决本周生产任务中的要素保障问题，包括需要外部沟通解决以及内部协调处理的，这一切都在这个会上展开讨论。我们以问题为导向，不走形式，只谈解决方案。

待大家顺利进入工作状态后，周一晚上，生产副经理会牵头组织召开周生产会，项目相关职能部门负责人和各队班组长参加会议。一是结合当前施工工作内容，对生产一线的管理人员和班组长进行安全教育培训，同时落实周检查中各类需要整改的问题的解决方案。二是统一本周生产任务思想，明确各个班组的要素保障重点。

周二至周五，大家基本上是各忙各的事情。其中，项目各分管领导会自行组织召开一些专题会，比如变更索赔的、质量管控的、安全环保的，还要灵活应对各上级单位的检查、上级领导的调研以及各式各样的会议。除此之外，还有公司以及业主层面的月度经济活动分析会、劳动竞赛考核等，这些都会融入每周的生产任务中。

周六、周日会安排轮休，为的是让大家劳逸结合、有张有弛。根据各自工作内容，可以稍微放个小假，这也是大家比较开心与期待的日子。

周日还有一场重头戏——周检查。由项目经理牵头，分管领导、现场各部门负责人会进行一次徒步检查：一是对当前施工生产的安全、质量、进度情况进行检查，二是对周一安排的生产任务完成情况进行检查。针对完不成任务的情况，相关人员需要找原因、做总结。成本都发生在一线，因此也会让经营部门、材料部门参加检查。这不仅能更好地进行成本管控与核算，也能对周一的成本汇报提前形成认知。周日晚上的全员安全生产培训，则是为了增强项目管理人员的安全意识，防患于未然。

项目开始后，我们就坚持践行周循环管理机制，目的是让大家统一思想，明确目标，真正做到劳逸结合。希望个人的项目管理方法能给大家提供参考，给予启发，也希望大家都能找到适合自己的管理工具和方法。

2.8 永远给员工希望

　　中国惠普公司原总裁助理、苹果公司中国市场原总监高建华在谈到人才管理时曾说过,企业一定要在四个方面努力,才能赢得员工的忠诚:即做事的机会、培训的机会、晋升的机会和学习的机会。这四个方面缺一不可,我把它总结成一句话,就是"永远要给员工希望"。这在人才管理中至关重要。

　　每个人都是怀揣着对美好生活的向往而努力工作的,特别是工程建设行业,大部分人常年与父母、子女分开,每年见面的次数屈指可数。可以说,工程人把自己的青春年华都贡献给了企业,所以我们理应对他们负责,帮助他们成长,让他们在事业上去磨炼,做好员工的"副驾驶"。

　　受原生家庭环境、社会环境的影响,年轻人开悟时间有早有晚,但只要他具备向上、向善、向好的品行,再加上"过来人"的尽力帮衬,他们就一定能找到人生的自驱力。越来越多的年轻员工茁壮成长,企业的发展自然会越来越好。

　　每个企业都有自己的企业文化,但是好多企业文化仅挂在墙上,权当摆设,没有真正将企业文化融入日常工作中。这就需要每一层级的第一负责人拥有正确的价值观,积极践行企业文化。我们作为企业的一员,作为每一个小团队的领头人,一定不能有自己的好恶,否则就很容易扭曲员工的价值观。比如,某个项目的项目经理喜欢打球,跟着打球的员工就会比较多;又比如某个项目经理喜欢打麻将,那么打麻将的员工自然就多。因此,领头人的行为很容易被往下放大,领头人只有保持正确的价值观,在日常工作中积极弘扬公司的企业文化,并多给员工提供做事、培训、晋升、学习等良机,才能真正影响和带动职工向高质量方向发展。

3. 工程施工工艺总结

3.1 概　述

改革开放四十多年来,我国的经济高速发展,人们对快速、便捷的交通路网要求越来越高,国家基础设施建设的步伐从未停止过,国家及各级政府十分重视交通运输事业的发展,尤其是近几年,国家在大型基础设施,比如高速公路及高速铁路方面,投入巨量资金。目前,桥梁建设越来越向集约化、装配化方向发展,桥梁的上部结构越来越多地采用预制空心板梁、箱梁、T梁等装配式部件,而下部结构更多使用单柱以及多柱盖梁。

当前,土建行业迅猛发展,但施工现场仍然混乱不堪,工艺标准不成体系,给施工安全带来了很多不利因素。具体如下:

(1)桥梁施工采用桩基的形式较为普遍,特别是在地质情况较好的情形下,但由于桩基施工需使用的临时材料、小型机具及设备较多,同时需现场设置泥浆池,施工现场杂乱,缺少了一套指导性标准化施工手册。

(2)墩柱保护层合格率、盖梁骨架钢筋整体吊装精度作为实体质量管控的关键指标之一,一直是施工中质量管控及提升的重点,但目前只对部分影响实体质量的因素进行分析及解决,未从每道工序出发,固化施工步骤,形成工艺标准化。

(3)常规的盖梁模板基本采用整体模板,但枢纽区盖梁具有长度不一、形式多样、下方墩柱直径不同等特点,采用整体模板,导致模板周转率低。

(4)目前,常规的桥梁下部结构养生方式为滴漏养生,采用此方式,存在养护不及时、未能全覆盖等缺点,故缺少一套完整的桥梁下部结构一体化养生工法,严重影响施工质量。

(5)桥梁结构物防撞护栏是结构物建成后唯一行车可见、影响造型美观的外露工程,工程质量的好坏和几何尺寸的精度直接影响工程的整体形象,所以其质量要求

高。如何保证护栏几何尺寸及线形是一直以来施工追求的目标,防撞护栏的形状特点决定了施工不易掌握,外观质量通病较多,以气泡多、小裂纹多及线形差最为常见。

深入推进施工标准化,是企业在市场竞争中占据有利位置,做大做强的有力抓手,是项目全过程、全要素管理的重要手段。通过全面深入推进施工标准化,可促使企业施工生产能力得到有效提升,所以推行施工标准化势在必行。

在全国推行品质工程建设、标准化施工的当下,施工现场工点标准化、工艺标准化、工序标准化成了不可或缺的一部分。

3.2 水网平原区桥梁施工标准化

3.2.1 钢筋厂建设

3.2.1.1 场地规划

钢筋厂房由型钢、钢桁架及彩钢瓦搭建而成,结构稳定。立柱之间采用对角角钢对拉,顶棚用钢管、槽钢与桁架及彩钢瓦连接进行加固,四周采用地锚及钢绞线锚固,增强其稳定性。

图 3.2.1-1 钢筋加工厂

根据各钢筋加工设备的工效,设置4条钢筋加工生产线,其中1#、2#生产线负责桩基及墩柱钢筋笼加工,各配置滚焊机2台;3#生产线负责系梁、承台、盖梁等钢筋加工。

图3.2.1-2　钢筋厂内部布置图

在加工厂醒目位置设置工程公示牌、施工平面布置图、安全生产牌、消防保卫牌、管理人员名单及监督电话牌、文明施工牌等明显标识。

钢筋加工厂内部设原材料堆放区,钢筋下料、加工区,半成品、成品存放区,成品待检区、成品合格区。各类钢筋按照上述区域相应堆放,流水线布置,设置明显的标志标牌,车行通道及人行通道采用绿色混凝土路面,与施工区域明显区分。

3.2.1.2　功能分区

原材料堆放区:场地内设置进场材料标识牌,严格按照现场材料进行标示,标示内容包括型号、规格、厂家、进场日期、检验人等,并根据不同的检验状态和结果采用统一的材料标识牌进行标示。原材料按照不同规格型号分类垫高存放,离地30 cm以上,下部支点保证钢筋不变形,保持干燥。

钢筋下料、加工区:钢筋下料、加工区分开并设置标识牌。在下料区、加工区悬挂钢筋的设计大样图,标明尺寸、部位,确保下料及加工准确。在相关设备处悬挂设备操作安全规定公示牌(即安全操作规程)和设备标识牌。在焊接、切割、使用氧气和乙炔等易燃易爆气体的场所设置禁止、警告标志。

半成品、成品存放区:成品、半成品隔离,对加工完成的成品、半成品钢筋,按其检验状态、检验结果和使用部位等进行分类存放并加以标示。

成品待检区、成品合格区：成品存放分为待检、合格区，两者隔离；经监理验收合格后，设置验收合格证，标示内容包括使用部位、验收日期、验收人等。

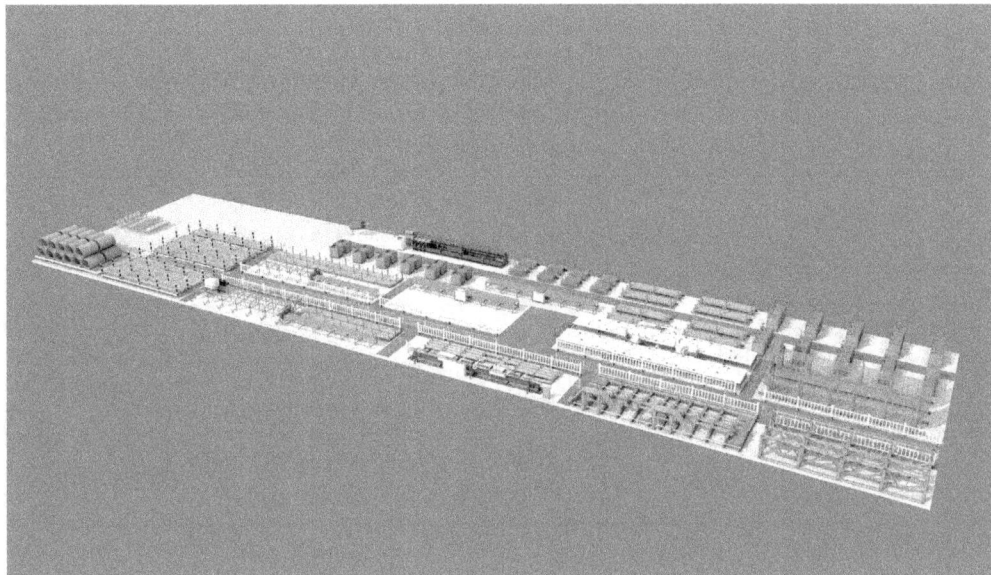

图3.2.1-3 三号线系梁、盖梁钢筋加工，四号线挂篮钢筋加工与存放

3.2.1.3 设备配备

表1 "钢筋车间9台套"+"二线一手"

序号	设备名称	型号	规格、功能及容量	设备用途
1	全自动焊接机械臂	FD-V6L	规格2.8 m×2.5 m×0.8 m,具备钢筋的焊接功能,能同时焊接骨架1片	盖梁骨架加工
2	数控钢筋笼滚焊机	FH2000	桩径1 m～2 m,长度1 m～12 m,具备钢筋的分布、弯曲功能	钢筋笼加工
3	数控钢筋笼滚焊机	JPM-1500-12M	桩径0.45 m～1.5 m,长度1 m～12 m,具备钢筋的分布、缠绕功能	钢筋笼加工
4	数控钢筋笼滚焊机	BPM-1500-12M		钢筋笼加工
5	数控钢筋笼滚焊机	BPM-2200-12M	桩径0.45 m～2.2 m,长度1 m～12 m,具备钢筋的分布、缠绕功能	钢筋笼加工

续　表

序号	设备名称	型号	规格、功能及容量	设备用途
6	数控钢筋弯圆机	KW-2000	规格1.8 m×1.8 m×2 m,具备钢筋弯圆功能	加强圈加工
7	全自动四位一体机	GJDX-1	规格26 m×3.5 m×1.7 m,具备钢筋的锯切、镦粗、车丝、打磨功能,能同时加工4根钢筋	钢筋笼主筋加工
8	半自动四位一体机	JQS-450	规格12 m×12 m×0.8 m,具备钢筋的锯切、镦粗、车丝、打磨功能,能同时加工8根钢筋	钢筋笼主筋加工
9	数控调直切断弯曲一体机	16	规格9.5 m×1.8 m×1.7 m,具备钢筋的调直、切断及弯曲功能,能同时弯曲直径4～16 mm的3根钢筋	调直、切断及弯曲加工
10	数控双机头钢筋弯曲机	BBM-HD-32	规格12 m×1.9 m×1.5 m,具备钢筋的弯曲功能	钢筋弯曲加工

图3.2.1-4　全自动焊接机械臂

图3.2.1-5 数控钢筋笼滚焊机

图3.2.1-6 数控钢筋弯圆机

图 3.2.1-7　全自动四位一体机

图 3.2.1-8　半自动四位一体机

图3.2.1-9　数控调直切断弯曲一体机

图3.2.1-10　数控双机头钢筋弯曲机

3.2.1.4　原材料堆放

钢筋原材料进入现场后,分规格、分型号进行堆放,不能为了卸料方便而随意乱放。需具有产品合格证,按规定存放,并避免与酸、碱等腐蚀性介质接触。

成品钢筋堆放:将加工成型的钢筋分区、分部、分层、分段和构件名称按号码有序堆放,同部位钢筋或同一构件要堆放在一起,保证施工方便。成品、半成品存放区通风良好,垫高(离地 40 cm)堆放,下部支设置点以保证成品、半成品不变形为原则,采用托架存放。易于滑落的材料,应捆绑牢固后堆放,高度不得超过 1.5 m。

钢筋标识:钢筋原材料及成品钢筋堆放场地必须设有明显的标识牌;钢筋原材料标识牌上应注明钢筋进场时间、受检状态、钢筋规格、长度、产地等;成品钢筋标识牌上应注明使用部位、钢筋规格、钢筋简图、加工制作人及受检状态。经检验合格的成品钢筋应尽快运往工地安装使用,不得长期存放。

图 3.2.1-11　分层堆码,并顺直,防止因装卸导致弯曲的钢筋

图 3.2.1-12　原材料堆放标识牌

3.2.2 桩基施工标准化

3.2.2.1 技术特点

对桩基施工现场规划布局、临时材料堆放、钻机防护、导管架制作、小型机具堆放、泥浆池设置与围挡、标识牌设置等进行了全方位标准化管理,对"三架、三箱、三防护"的工点进行标准化管理,可有效改善桩基施工现场杂乱的现象。

为了对桩基、承台、地系梁等施工工序进行有效衔接,需对施工现场进行整体规划布局,全面推进工点工厂化管理。

3.2.2.2 标准化总结——"三架、三箱、三防护"

图 3.2.2-1 钢筋笼存放架

图3.2.2-2　钻杆架

图3.2.2-3　导管架

图 3.2.2-4　配电箱、工具箱

图 3.2.2-5　材料堆放箱、工具箱

图 3.2.2-6　泥浆池防护、孔口防护

图 3.2.2-7　操作平台防护棚

3.2.2.3　施工工艺及操作要点

3.2.2.3.1　桩基施工工艺流程

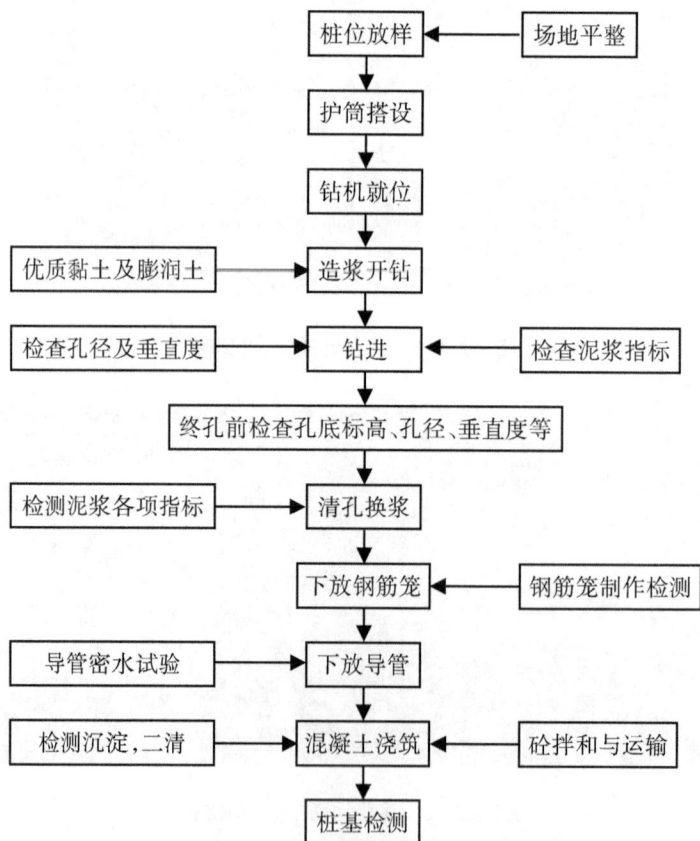

```
                              场地平整 ──→ 桩位放样
                                              ↓
                                          护筒搭设
                                              ↓
                                          钻机就位
                                              ↓
              优质黏土及膨润土 ──→ 造浆开钻
                                              ↓
检查孔径及垂直度 ──→ 钻进 ←── 检查泥浆指标
                                              ↓
         终孔前检查孔底标高、孔径、垂直度等
                                              ↓
     检测泥浆各项指标 ──→ 清孔换浆
                                              ↓
                          下放钢筋笼 ←── 钢筋笼制作检测
                                              ↓
            导管密水试验 ──→ 下放导管
                                              ↓
      检测沉淀，二清 ──→ 混凝土浇筑 ←── 砼拌和与运输
                                              ↓
                                          桩基检测
```

图 3.2.2-8　桩基施工工艺流程图

3.2.2.3.2　施工场地准备

（1）首先在桩基放样位置进行钻机施工作业平台的场地平整或水上平台搭设，根据现场地质、地势条件进行清表、挖填平整处理，将场地压实，修筑施工便道。

（2）操作平台外侧采用黄色围栏进行封闭隔离防护，围栏规格为 2 m×1.2 m。

图3.2.2-9　操作平台防护

对施工场地进行分区，主要分为施工区、机具存放区、材料存放区等，并设置相应的标识牌。

（a）

(b)

图 3.2.2-10　施工场地分区

施工现场材料、小型机具存放统一采用定制的配电箱、工具箱、材料存放箱。

图 3.2.2-11　配电箱

3.2.2.3.3 护筒埋设

（1）桩基护筒用10 mm钢板卷制而成，其内径至少比设计桩径大0.2 m，上口外围加焊加劲环。护筒埋置需考虑桩位的地质和水文情况，保持护筒高出地下水位1.5 m或高出地面0.3 m。为避免护筒底部悬空，造成塌孔、漏水、漏浆，护筒底部坐在天然结实的土或夯实的黏土层上。在地质较好的区段，采用开挖回填的方法埋置护筒，即确定护筒埋置位置后由挖机开挖成坑，放置护筒后在护筒周边用黏土回填夯实；在地质条件较差的区段，采用振动锤下放的方式。

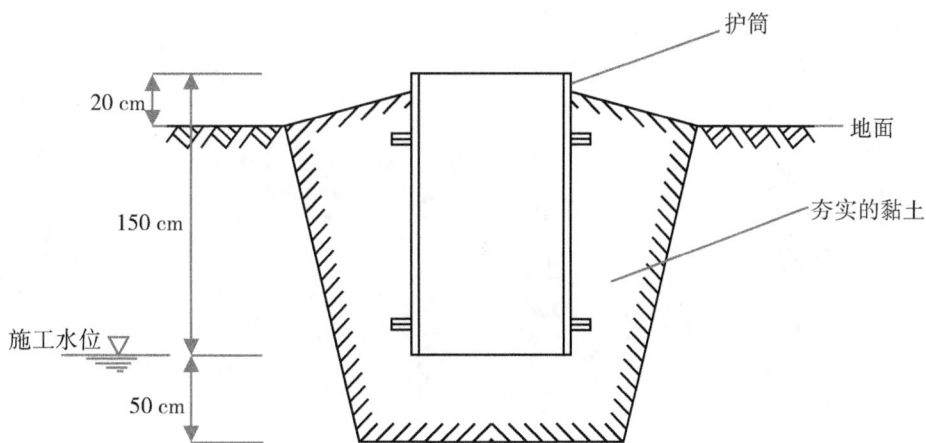

图 3.2.2-12　桩基护筒埋设

（2）护筒埋设成功以后，由测量队复测，检查护筒中心是否在设计位置，并在护筒四周设置十字护桩；护桩采用60 cm，22的螺纹钢，表面刷黄色油漆，外侧用方管支架进行保护。

图 3.2.2-13　十字护桩

护筒埋设到位,孔口立即采用黄色围栏进行封闭隔离防护。

图3.2.2-14　孔口防护

3.2.2.3.4　泥浆池开挖

泥浆池开挖,每个墩设置一组泥浆池,配合使用全站仪、水准仪和皮尺,确定泥浆池各边线位置,然后再进行泥浆池开挖(由人工配合挖掘机开挖)。

(1)泥浆池截面尺寸统一为:26 m×9 m×2 m。

(2)泥浆池采用挖掘机开挖,四周按1:0.5放坡。开挖应自上而下,逐层进行,严禁先挖坡脚或逆坡开挖。

(3)泥浆池和沉淀池四周土坡需用砂浆抹面,厚度不小于3 cm,高出原地面不小于50 cm,顶宽不小于50 cm。

(4)泥浆池统一布置,应整齐划一。外侧采用黄色围栏进行封闭隔离,围栏规格为2 m×1.2 m,围栏外侧靠便道和马道两侧贴警示标志,规格2 m×1 m。

图 3.2.2-15　泥浆池防护

3.2.2.3.5　钻机就位

冲击钻、气举反循环钻机履带吊就位,钻机统一颜色并编号;钻机架设处场地要平整,并注意钻机位置,若作业平台平整度欠佳,则应在钻机周围垫上钢板调平,避免钻机在作业时摇晃。

(a)

(b)

图 3.2.2-16　钻机统一颜色并编号

3.2.2.3.6　泥浆制备及检测

(1)泥浆制备。新制泥浆每 1 m³ 配比为:水:膨润土:NaOH＝1000:120:1。配比应根据各个桩位处实际地质情况进行反复适配。基浆制作时,先将一定量的水加入造浆机中,再按比例加入膨润土,利用制浆机的机械功能进行高速旋转(1440 r/min),搅拌 10min,使膨润土颗粒充分分散,再按比例加入纯碱,进行充分搅拌制成基浆。

表 3.2.2-1　基浆的性能指标

黏度/Pa·s	容重/(g·cm⁻³)	含砂率(%)	pH	胶体率(%)
20～22	1.05～1.20	≤4	8～10	98

(2)钻进中泥浆的控制与检测。钻进中泥浆的性能指标对成孔质量的优劣起着至关重要的作用,控制好钻进中的泥浆尤为重要。钻孔中泥浆检测的频率为 2h 一次,主要控制泥浆池回流泥浆指标,保证进入孔内的泥浆质量。

表 3.2.2-2　不同地质条件下的泥浆质量指标

序号	地质情况	比重	黏度	含砂率(%)
1	淤泥层	1.1～1.20	16～22	4～8

序号	地质情况	比重	黏度	含砂率(%)
2	砂粘层	1.20～1.30	18～26	4～8
3	卵石层	1.30～1.50	19～28	4～8
4	全风化岩层	1.25～1.35	17～26	4～8
5	中风化岩层	1.25～1.35	17～26	4～8
6	灌注前	1.03～1.1	17～20	<2

现场主要检测4个指标:相对比重、黏度、含砂率及pH值。每次检测都要做好数据记录,不定期地检测泥浆胶体率。如地质条件发生变化或与图纸不相符时,在出渣口捞取钻渣样品,查明土类,同时增加泥浆的检测次数。

3.2.2.3.7　钻进施工

(1)钻进前,检查机座的平整度(用水平尺检测)和冲锤轴线的垂直度(用垂球或全站仪检测),检查冲锤是否对准桩位,以保证成孔的垂直度符合要求。在冲击的过程中也要经常检查,一旦发现垂直度超出范围应立即进行调整。

(2)钻机所用的钻杆统一放置于定制的钻杆架上。

图3.2.2-17　钻杆架

（3）钻进过程中及时滤渣，时刻注意地层的变化。在地层的变化处均应捞取渣样，判断地质的类型，并将其记入记录表中，与设计单位提供的地质剖面图相对照。钻渣样应编号保存，以便分析备查。

（4）钻孔作业保持连续进行，不中断。需经常检查泥浆的各项指标。

（5）当钻孔累计进尺达到孔底设计标高后，采用成孔检测仪器对孔径和垂直度进行检查，经监理工程师验收认可后立即清孔。

（5）一清泥浆指标需满足成孔检测条件（泥浆比重1.15以内）后，采用成孔检测仪器对桩基斜率及孔径进行终孔检测（斜率<0.5%，孔径大于设计要求）。

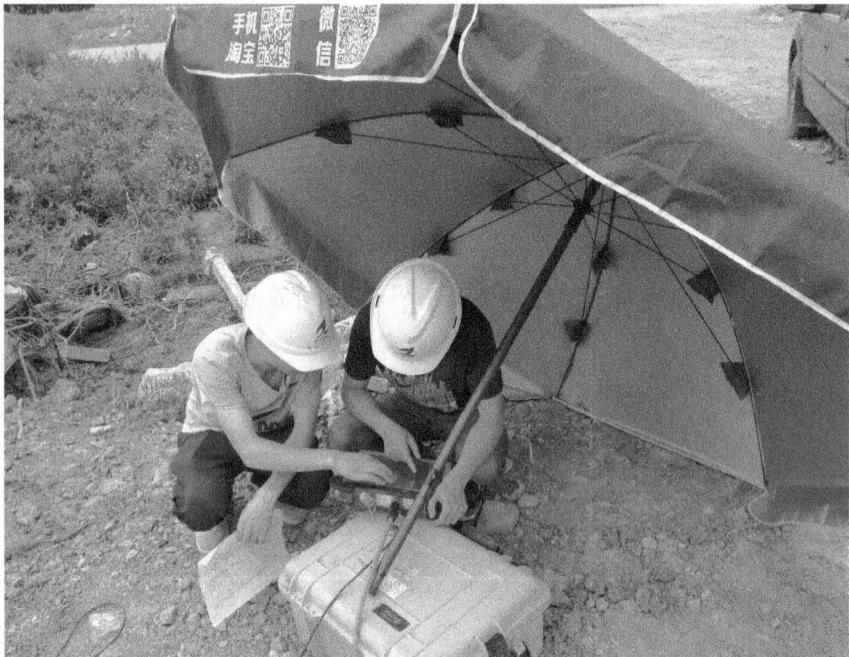

图3.2.2-18　终孔检测

3.2.2.3.8　钢筋笼加工及安装

3.2.2.3.8.1　钢筋笼加工

桩基钢筋笼在项目部钢筋加工场采用自动滚焊机统一加工制作。

（1）原材料下料。对原材料进行下料裁切时，应在金属带锯床上切头20 mm，以确保端部平整；不得有马蹄形、挠曲、缺角和与钢筋轴线不垂直的现象，确保钢筋端部顺直，从而保证丝头面平整、垂直。

图3.2.2-19 原材料下料

(2)丝头加工。镦粗：镦粗加工操作中要保证镦粗加工头与钢筋轴线垂直，不得出现与钢筋轴线相垂直的表面横向裂纹；镦粗头的直径应满足丝头螺纹加工的要求，镦粗长度应大于1/2套筒长度，钢筋镦粗头过渡段坡度应符合规范≤1:5；镦粗头应为圆柱回转体，表面光滑，不得有明显的肋痕突起；不合格的镦粗头，应切去后重新镦粗，不得对镦粗头进行二次镦粗。

图3.2.2-20 直螺纹钢筋镦粗

车丝:长丝剥肋,短丝不剥,在距端部15 cm画余慈线。丝头有效长度不得小于相应规格的连接套筒长度的1/2。要求:牙形饱满,牙顶宽超过0.25P,秃牙部分累计长度不超过一个螺纹周长;丝头长度应满足设计要求,标准型丝头长度为套筒长度的1/2,公差为+1p,加长型丝头为+1p;能顺利旋入螺纹并达到旋合长度;允许环规和端部螺纹部分旋合,旋入量不应超过3p。

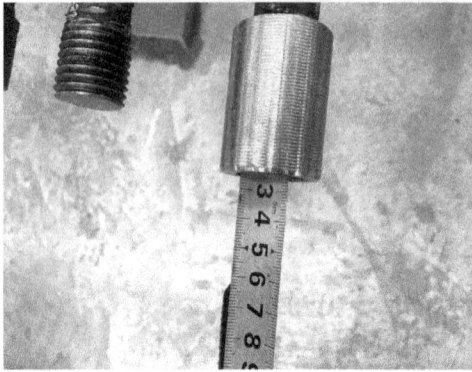
（a）

（b）

（c）

图3.2.2-21　钢筋车丝及丝头检测

打磨:滚丝后采用数控打磨机对丝头进行打磨。确保钢筋端面与母材轴线垂直,产品质量得到保证,确保钢筋对接时的密实性。现场用砂轮机对钢筋端部毛刺进行打磨,消除毛刺。

图3.2.2-22　丝头打磨

丝头防护:丝头采用统一保护套,长丝使用套筒,短丝用塑料套。

图3.2.2-23　丝头防护

堆放:分层堆放,每层堆放的钢筋数为一节钢筋笼主筋的数量。

图3.2.2-24　车丝钢筋堆放

(3)钢筋笼加工。加强圈钢筋加工:加强圈钢筋弯制时螺纹钢筋的通长肋统一指向外侧。调节弯曲圆盘,根据所需弯曲加强圈计算内径设定圆盘尺寸,按照设计图纸进行下料,搭接长度不得小于10d(直径),采用单边焊,要求焊缝饱满无焊渣。

(a)　　　　　　　　　　　(b)

图3.2.2-25　加强钢圈筋加工

加强圈检测(一检):通过可调节圆盘,设定所需检测的加强圈尺寸,将已弯制的加强圈放入,通过圆盘上的标尺可准确测量出加强圈多个截面弯制尺寸(控制误差

在 $-3\ mm$ 到 $-2\ mm$ 之间为宜）。为保证钢筋骨架的稳定性,在加强圈钢筋内设置三角,防止运输、吊装、存储过程中钢筋笼变形。

图 3.2.2-26 加强圈检测

钢筋笼加工:在滚焊机上进行钢筋笼加工,间距应符合设计要求,主筋间距误差 $\pm 10\ mm$,箍筋间距误差 $\pm 20\ mm$;箍筋与主筋密贴,采用梅花形电焊;两节钢筋笼对接做好对接标志。相邻主筋纵向错开布置,保证同一断面接头不大于 50 %。桩基主筋保护层厚度采用滚筒状预制混凝土块控制,每一米设4个保护垫块,垫块直径 10 cm,厚度 3 cm,中心圆孔直径 16 mm,垫石辅助钢筋长 12 mm。主筋外缘至设计桩径混凝土表面净保护层厚度为 6 cm。

（a） （b）

图 3.2.2-27 钢筋笼加工

　　成品钢筋笼下架：将加工完成的钢筋笼转运至待检区，注意支垫位置，保护钢筋丝头，戴好丝头保护套。钢筋笼采用分段吊装的方法，先在加工厂进行试拼对接，检测合格后，再分开吊装，保证对接钢筋连接质量。

图 3.2.2-28　钢筋笼下架存放

3.2.2.3.8.2　钢筋笼安装

　　(1)钢筋笼在加工厂集中统一加工，用平板车经施工临时便道运输至施工现场。

　　(2)将钢筋笼放于定制的存放架上。存放架单节长 1.65 m，高 30.5 cm，可单个也可多个并排使用。

图 3.2.2-29　钢筋笼存放架

（3）成孔后第一次清孔达到标准,检测无误后开始钢筋笼安装;钢筋笼入孔,由吊车吊装。在安装钢筋笼时,采用两点起吊方式。

（4）钢筋笼接长时按照制作顺序从下至上依次进行。钢筋笼起吊就位后,转动笼子对接两个有标记的主筋,且接头处两钢筋头轴线必须在同一直线上。用管钳松动直螺纹套筒,并将直螺纹套筒旋至与钢筋顶口相齐,涂上专用润滑剂,用管钳旋转直螺纹套筒,保证套筒旋入钢筋接头部分各占1/2,将两节钢筋笼的钢筋连接起来,对接好钢筋笼内的声测管;声测管对接要求紧密,注水后不泄漏。

图3.2.2-30　钢筋笼机械连接

3.2.2.3.9　导管安装

（1）导管统一放置于定制的导管存放架上。

图 3.2.2-31　导管存放架

（2）采用内径 Φ325 型卡口管。导管首次使用前，应逐根进行检查，量测其长度并进行编号标注，然后做好水密性试验。水密性试验水压不应小于孔内水深 1.3 倍压力，也不应小于导管壁和焊缝可能承受灌注混凝土时最大内压力的 1.3 倍。

图 3.2.2-32　导管水密性试验

（3）导管下放前逐根检查，看导管是否干净畅通、有无小孔眼以及止水O型密封圈是否完好。导管接长时用两根由I字钢加工而成的活动卡固定，检查O型密封圈的完好性，并涂抹黄油，保证导管的密封性和方便拆除。最下面一节导管的下口为断口，以免提升导管时钩挂钢筋笼。

图 3.2.2-33　导管下放

3.2.2.3.10　二次清孔

清孔的主要目的是清除孔底沉渣，而孔底沉渣则是影响灌注桩承载能力的主要因素之一。二次清孔后泥浆相对密度为1.03～1.10，黏度为17～20 Pa·s，含砂率小于2%，胶体率大于98%。

3.2.2.3.11　混凝土浇筑

（1）检查混凝土工作性能，首灌要求连续不间断，导管埋设控制在2 m～6 m之间。

（2）混凝土灌注平台（利用28工字钢焊接一个内径为2.6 m×2.6 m的钢结构骨架，在内部焊接一个1 cm厚钢板卷制的钢护筒，护筒的外部与骨架相切，在骨架上放置2块1 cm的钢板，钢板可旋转，主要是在安装钢筋笼时可打开，在灌注时关闭。）

图3.2.2-34　混凝土灌注平台

3.2.3 圆柱形墩柱保护层控制工艺标准化

3.2.3.1 技术特点

加强圈检测设备和自动弯圆机的使用,保证了墩柱钢筋笼的加工精度;立模前增加一道定位钢筋,确保了模板安装准确;"三检一调一定位"的施工方法,从根本上解决了墩柱保护层控制不好的问题。

3.2.3.2 标准化总结——"三检一调一定位"

图3.2.3-1 (一检)加强圈验收、(一调)桩头钢筋增加一
根加强圈,吊锤对准墩柱中心,调整桩头钢筋

图3.2.3-2　（二检）钢筋笼竖直度

图3.2.3-3　（一定位）墩柱钢筋笼根部设置一道定位筋，保证模板定位准确

图3.2.3-4 （三检）墩柱立好模板、调节好模板垂直度后,进入模板内严格量测钢筋保护层,

垫块每1m设置一道,确保钢筋保护层全部合格

3.2.3.3 适用范围

施工工期紧、墩柱数量多、保护层合格率要求高的公路桥梁施工。

3.2.3.4 施工工艺及操作要点

3.2.3.4.1 圆柱形墩柱施工工艺流程

```
              ┌──────────┐
              │ 施工准备 │
              └────┬─────┘
                   │
┌──────────┐  ┌────▼─────┐
│ 桩基检测 ├─►│桩顶浮浆凿除│
└──────────┘  └────┬─────┘
                   │
┌──────────┐  ┌────▼─────┐
│桩顶系梁施工├─►│ 施工放样 │
└──────────┘  └────┬─────┘
                   │
┌──────────┐  ┌────▼─────┐
│钢筋笼预制 ├─►│钢筋笼安装 │
└──────────┘  └────┬─────┘
                   │
┌──────────┐  ┌────▼─────┐
│ 模板制作 ├─►│ 模板安装 │
└──────────┘  └────┬─────┘
                   │
              ┌────▼─────┐      ┌──────────┐
              │混凝土浇筑│◄─────┤   等强   │
              └────┬─────┘      └──────────┘
                   │
              ┌────▼─────┐
              │拆除、养护│
              └──────────┘
```

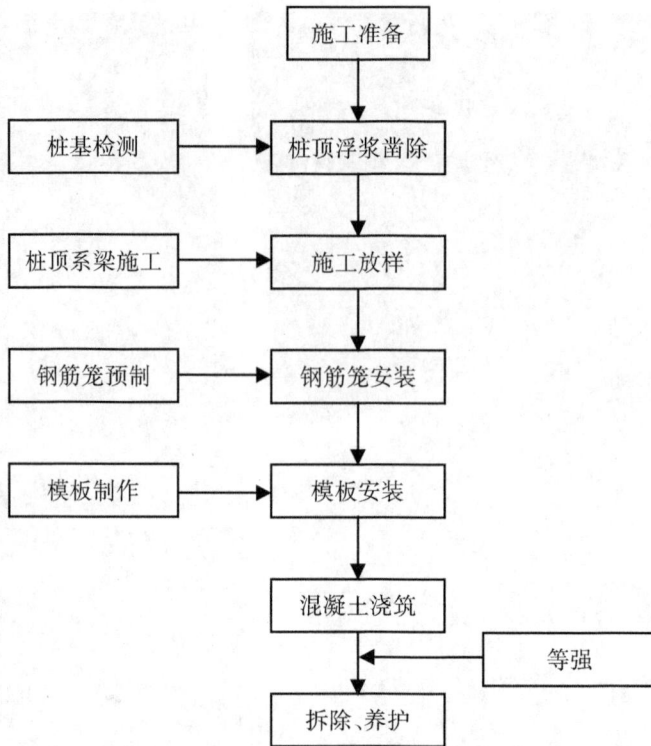

图3.2.3-5　圆柱形墩柱施工工艺流程图

3.2.3.4.2　施工准备

为了使砼罐车、吊车等重型机械进入施工现场,务必保持施工便道通畅,对便道进行压实和局部硬化处理,对圆柱形桥墩周围施工场地进行压实或者硬化处理,确保墩柱立模时地基稳定,保证墩柱底部标高精度及垂直度符合要求。施工场地内排水通畅,避免雨天场地内大面积积水,影响施工。

3.2.3.4.3　桩顶浮浆凿除

施工前,将墩柱轮廓线范围内的柱顶面(地系梁顶面)混凝土全部凿毛(包括钢筋保护层范围内)。待桩砼强度不小于10 MPa时,作业人员手持风镐凿除柱顶(地系梁顶)的浮浆。将经过凿毛处理的混凝土表面,用压力水冲洗干净,使表面保持湿润但不积水,在浇筑墩柱混凝土时,按照规范要求铺一层1 cm～2 cm厚的同标号水泥砂浆。

3.2.3.4.4　测量放样及桩头钢筋笼调整

根据墩身位置和尺寸,测量工程师确定桩基上的墩柱中心点位置,根据中心点可确定墩柱模板位置的控制线。在桩顶增加一个加强圈,并在加强圈上挂吊锤,吊锤应对准墩柱中心线,调整桩头钢筋(一调)。

图3.2.3-6 墩柱中心点放样

图3.2.3-7 桩头钢筋调整

3.2.3.4.5　钢筋加工及安装

3.2.3.4.5.1　墩柱钢筋笼加工

墩柱钢筋笼加工与桩基钢筋笼加工相同,此处不再赘述,详见3.2.2.3.8.1。

3.2.3.4.5.2　墩柱钢筋笼安装

为确保施工过程中钢筋保护层厚度满足设计要求,钢筋四周设置混凝土垫块,使用高强砂浆垫块,根据设计要求,钢筋保护层厚度预先定制。同时墩柱钢筋笼在运至施工现场存放时需下垫上盖,防止钢筋笼受污染。

(a)

(b)

图3.2.3-8　钢筋笼现场存放(下垫上盖)

吊装安装钢筋笼时,用吊锤测量垂直度,保证钢筋笼垂直安装(二检),钢筋连接完成后报现场监理工程师验收,通过后再进行下一道工序的施工。

图3.2.3-9　吊锤测量安装垂直度

3.2.3.4.6　模板安装

墩柱模板先在地面整体试拼,然后由汽车吊整体吊装而成,同时增加缆风绳及支撑钢管等加固措施。

根据设计要求,墩柱模板统一向预制厂家订购,按标准化要求实行准入制度。墩柱模板直径为1.2 m～1.8 m,模板面板厚度为6 mm,平面及圆弧模板单节长度分别为0.5 m、1.0 m、2.0 m及3.0 m,可根据实际需要配置一定数量不同长度的模板。每节由2块半圆形定型钢模板围成,模板设置定位销。拼缝处用螺栓固定,横竖向法兰螺栓均要拧紧,保证模板的整体性,使模板在吊装过程中不变形。

模板定位:在墩柱根部布置2层混凝土垫块,并设置一道定位筋,保证模板定位准确,严格控制墩柱保护层(一定位)。

图 3.2.3-10　模板定位

　　在正式安装前,模板需在现场进行试拼。拼装之前要仔细检查模板的规格型号、平整度和光洁度,并涂刷脱模剂,不符合要求的模板不能使用。模板安装时截面之间设置一道双面胶条,防止浇筑施工中浆液串漏,保证模板错台小于1 mm。模板在现场预拼,经检验合格后进行整体吊装、安装。模板安装前需检验模板底口地面平整度,平整度应满足要求,四周紧靠模板外侧设置4~6个固定锚栓,确保模板整体安装后垂直精度符合要求,避免模板移位。第一节段模板安装至柱系梁底部,模板的安装与拆卸均由吊车完成。墩柱模板安装时的倾斜度用铅垂线精确控制,浇筑混凝土前进行校核。墩柱模板安装完成后,进行定型防护,在墩柱周边搭设混凝土施工作业平台,以满足墩柱混凝土灌注捣固、养护和拆模的需要。

模板校正：模板拼装及浇筑平台完工后，安装4根钢丝绳，作为缆风绳，上端拉住模板，下端固定在地面上的预埋钢筋桩上，然后利用全站仪进行放样定位，在测量工程师的指挥下，调节缆风绳上的松紧螺栓使模板垂直，严格控制模板垂直度，使其不超过1%。

图3.2.3-11　缆风绳布置

立好墩柱模板、调节好模板垂直度后，进入模板内仔细测量钢筋保护层，垫块每1米设置一道，确保钢筋保护层全部合格（三检）。

图3.2.3-12　墩柱保护层检测

模板拼装完成后,利用全站仪检查模板的垂直度、平面尺寸、顶部标高、节点联系及纵横向稳定性,误差不大于3 mm。模板加固及自检合格后,报监理工程师检查,检查合格后浇筑混凝土。

3.2.3.4.7　混凝土浇筑

混凝土拌制前应根据天气、气温适当调整施工配合比,水泥、砂、碎石等原材料要符合要求,混凝土坍落度设计值为160 mm～200 mm,对现场混凝土进行坍落度和外观检查,不合格的退场。混凝土分层浇筑,浇筑前,先在墩柱底面浇筑1 cm～2 cm厚的同标号砂浆。浇筑时将串筒伸入墩柱模板内,按照浇筑速度进行提升,每层浇筑高度30 cm,确保混凝土自由倾落高度小于2 m。混凝土振捣采用φ50插入式振捣棒,振捣时,振捣器垂直插入,快入慢出,插入下层混凝土中的深度为5 cm～10 cm,其移动间距不大于振捣器作用半径的1.5倍。振捣时插点均匀,成行或交错式前进,严格控制时间,以免过振或漏振,振捣时间约20 s～30 s,每一点振捣完毕后,边振动边徐徐拔出振捣器。振捣时注意不碰松模板或使钢筋移位。在混凝土浇筑过程中,实行"三定"原则,即定人、定位、定机具,并设专人对模板垂直度、平面位置、模板接缝等进行观察,发现问题及时进行处理。浇筑过程中注意防雨。

(a)　　　　　　　　　　　　　　　(b)

图3.2.3-13　混凝土浇筑

3.2.3.4.8　拆模、养护

拆除模板时的强度按浇筑混凝土时同期制作的试件做抗压试验确定,开始拆掉模板加固钢管及缆风绳,利用汽车吊吊起模板,模板拆除过程中尽量少用人工撬动。

拆模后应立即采用自动喷淋养生系统进行养护,该系统主要由纵向主水管、竖向分水管、横向分水管、喷淋支架及喷头、水泵及节流阀、限位开关、电控箱等组成。水泵扬程不小于35 m,喷头架设在支架上,向上喷水。主水管沿桥梁(远离便道侧)纵向布置,逐墩上桥,横向到位;横向分水管采用三通接喷头,安拆方便,成功实现了桥梁高空全天候、全湿润、自动喷淋一体化养护。

图3.2.3-14　墩身养护

3.2.4 盖梁骨架整体吊装精度控制

3.2.4.1 技术特点

利用盖梁钢筋半成品存放架,可将制作骨架所需的所有钢筋存放在一处,方便取用。自动焊接机械手的使用,保证了焊缝饱满;改装了机械手平台,加密定位筋,保证骨架片所有钢筋定位准确。利用钢筋骨架定位胎架,可以精确定位骨架片、箍筋、水平筋。

3.2.4.2 标准化总结——"一架两手四定位,四面齐平三线齐"

图3.2.4-1 半成品存放架(一架)

图 3.2.4-2　智能机械手 1∶1 定型胎架焊接（两手）

（a）

（b）

（c）

（d）

图 3.2.4-3　盖梁钢筋绑扎采用定型胎架成型，实现四定位（侧面横杠保证骨架对齐、卡槽定
位骨架间距、水平筋间距、箍筋间距）

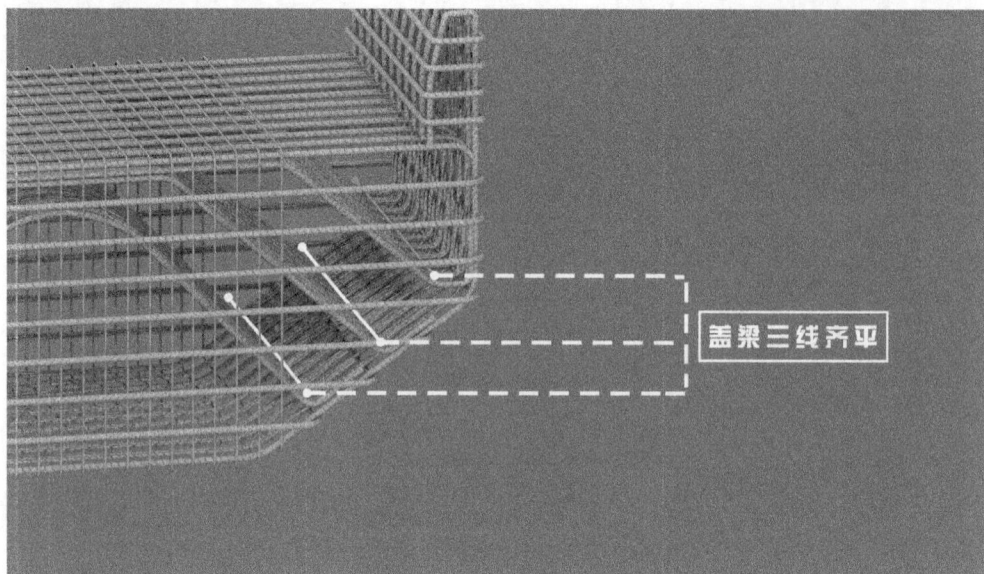

图3.2.4-4　盖梁骨架成型（三线齐）

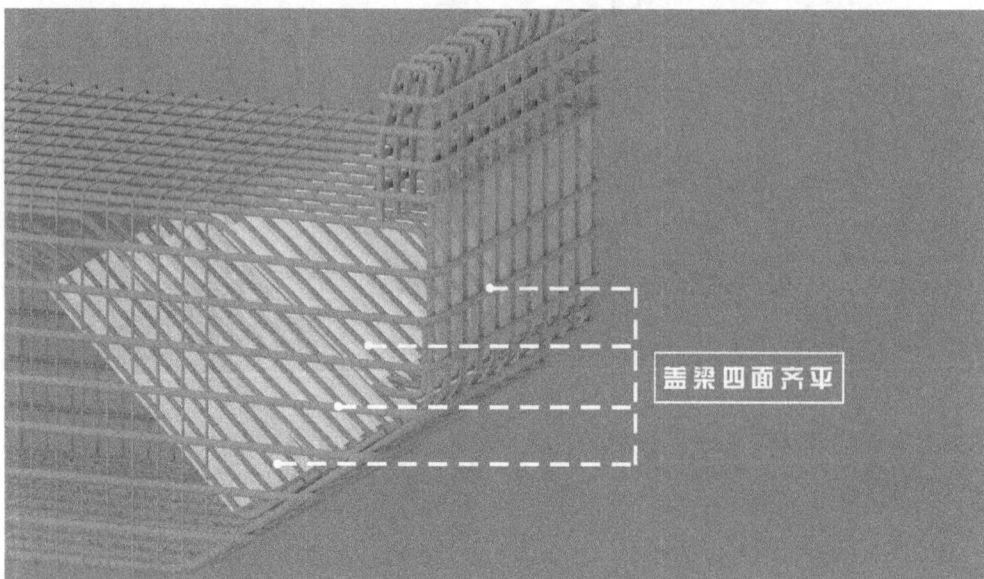

图3.2.4-5　盖梁骨架成型（四面齐平）

3.2.4.3　适用范围

施工工期紧、盖梁体量大、形式多样的公路桥梁施工。

3.2.4.4　施工工艺及操作要点

3.2.4.4.1　盖梁施工工艺流程

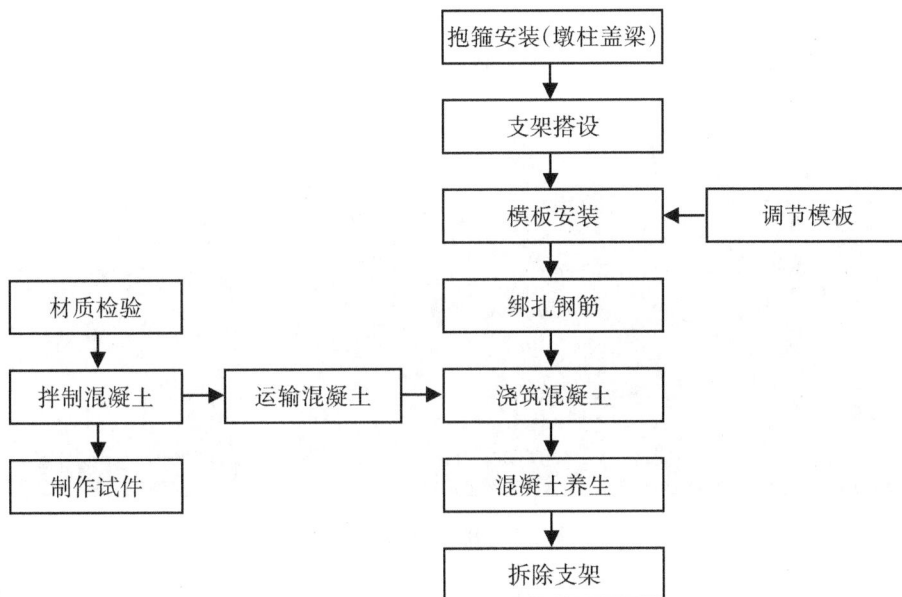

图 3.2.4-6　盖梁施工工艺流程图

3.2.4.4.2　抱箍安装

采用标准爬梯进行安装抱箍,抱箍位置需测量队精调以保证准确。

图 3.2.4-7　抱箍安装

3.2.4.4.3 底模安装

（1）墩柱盖梁底模采用钢模，面板采用5 mm厚钢板，大肋采用8型钢，根据柱顶标高和纵横轴线，铺设底模。

（2）底模铺设好后，测出盖梁纵横轴线，核对墩中心标高，同时测出盖梁两端的边线和标高。

（3）检查验收底模，合格后开始绑扎钢筋。

图3.2.4-8　底模安装

3.2.4.4.4 钢筋骨架加工及整体吊装

3.2.4.4.4.1 盖梁骨架加工

盖梁骨架钢筋在项目部钢筋加工厂加工制作，并绑扎成型。

（1）钢筋下料。钢筋加工流水线采用直线法半自动化施工，从钢筋原材料下料到成品存放按照标准化、程序化管理要求，每道施工工序由专业机具设备、专业施工人员来完成，分工负责，流水作业，每道工序制定施工与验收标准，确保"人、机、法"专业化。

图3.2.4-9　钢筋机械连接标准件展示台

（2）半成品加工及存放。钢筋一律在钢筋加工厂使用机械加工弯制成半成品。

①双机头数控弯曲机加工盖梁4号钢筋。

（a）

（b）

图3.2.4-10　双机头数控弯曲机加工盖梁4号钢筋

2)弯曲机加工盖梁8号钢筋(钢筋定位加密来控制元宝金弧度)。

图3.2.4-11　弯曲机加工盖梁8号钢筋

②全自动调直切断一体机加工盖梁箍筋。

(a)　　　　　　　　　　　　　　　　(b)

图3.2.4-12　全自动调直切断一体机加工盖梁箍筋

③发明盖梁钢筋半成品存放架,可将制作骨架所需的所有钢筋存放在一处,分类编号,堆放整齐,方便取用。

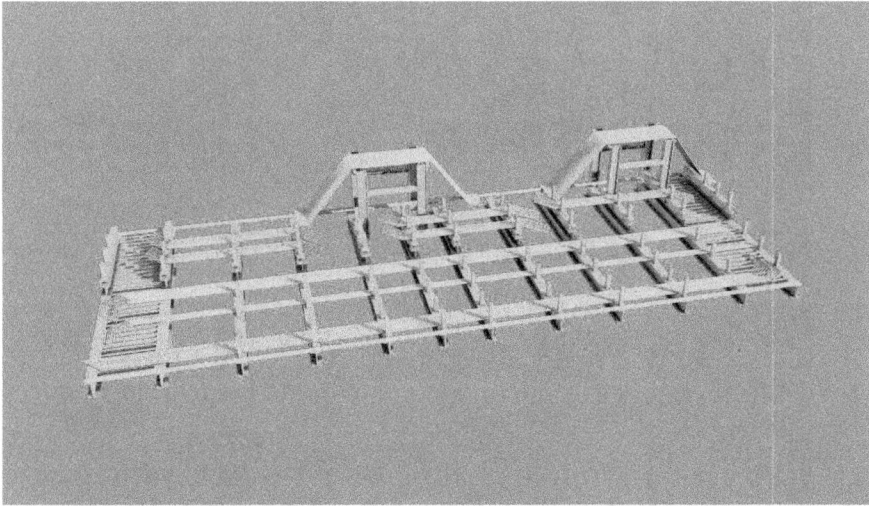

(a)

(b)

图3.2.4-13　盖梁钢筋半成品存放架

（3）盖梁钢筋骨架成型。为保证骨架尺寸与图纸一致，采用1:1定型胎架焊接，用智能机械手焊接骨架，以提高焊接质量。在骨架胎模上把每根钢筋位置参照施工图纸进行编号，焊接骨架时只需对号入座，确保钢筋尺寸、位置无偏差，骨架各部位误差都在规范允许范围内。

图3.2.4-14　定型胎架、机械手焊接

　　盖梁钢筋绑扎采用定型胎架使钢筋成型，一是通过侧面横杆保证骨架对齐，二是通过水平卡槽定位骨架间距，三是通过竖向卡槽定位水平钢筋间距，四是通过手持卡尺确保箍筋间距，从而实现盖梁骨架钢筋"四定位"；同时按标准化施工要求，盖梁骨架钢筋胎架颜色采用醒目的橘红色，钢筋定位尺由专业厂家定制后到现场安装，对各个重要的部件进行信息标示，保证外观清爽美观的同时，使各类钢筋摆放位置准确，从而使施工高效。

图3.2.4-15　侧面横杠保证骨架对齐

图3.2.4-16　水平卡槽定位骨架间距

图3.2.4-17　竖向卡槽定位水平钢筋间距

图3.2.4-18　手持卡尺确保箍筋间距

　　通过"四面齐平三线齐"的检查方式,对骨架成型效果进行检验,即确保盖梁钢筋3个元宝筋3个面及骨架侧面齐平(四面齐平),元宝筋与主骨架焊接的3条线齐平(三线齐),保证盖梁钢筋骨架整体安装的精度满足要求。

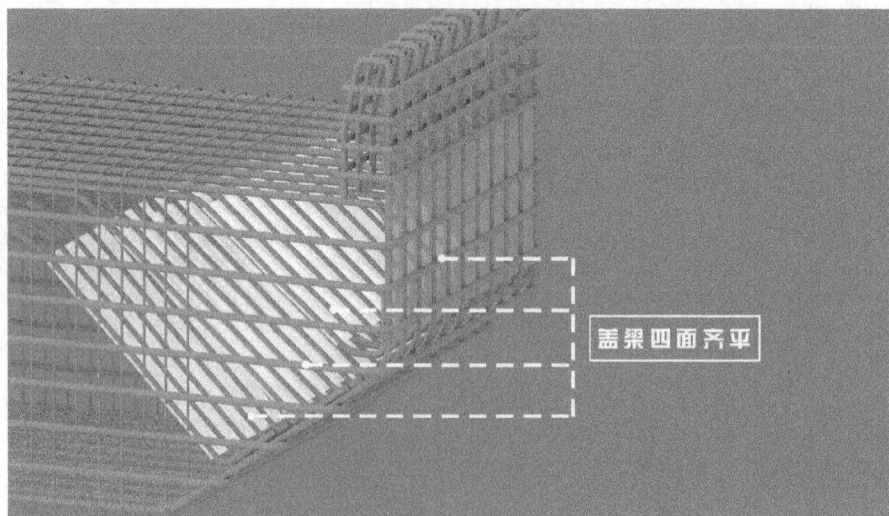

图3.2.4-19　骨架成型(四面平齐)

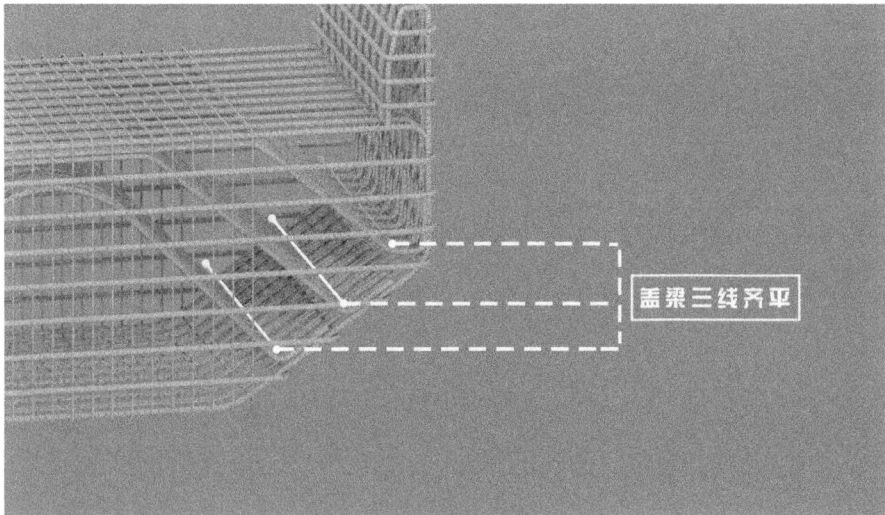

图3.2.4-20 骨架成型（三线齐）

（a）

（b）

图3.2.4-21　骨架整体加工成型效果

3.2.4.4.4.2　盖梁骨架整体吊装

（1）由于盖梁骨架过长，需采用半挂车才能运输，故在钢筋加工厂内采用桁吊装车运输至施工现场。

（2）盖梁钢筋骨架整体安装之前，要进行现场勘察，吊机停放时，对吊机的支腿位置进行处理，保证地基有足够的承载力。在整个安装过程中吊机使用时间较长，必须保证吊机平稳作业。盖梁钢筋骨架整体吊装均采用4个吊点，控制盖梁骨架在吊装过程中的稳定性。

图3.2.4-22　盖梁吊装

（3）盖梁在下放前拿盖梁拼装加工的卡槽定位架进行对立柱钢筋位置对比，对立柱钢筋及盖梁底部箍筋的位置做相应调整。

图3.2.4-23　卡槽定位架钢筋位置对比调整

（4）盖梁骨架下放时先对高侧立柱的位置进行校准，而后由高侧向低侧进行校准，待3根立柱钢筋都深入盖梁后，对盖梁保护层进行微调，待保护层厚度达到设计要求后进行安放。

3.2.4.4.5　侧模安装

（1）侧模采用标准的组合钢模板，面板采用5 mm厚钢板，大肋采用8型钢。

（2）模板具有足够的强度、刚度和稳定性，能承受施工过程中产生的各种荷载。模板设计及加工应满足以下需求：接缝严密，不漏浆，构件的形状尺寸和相互位置正确，模板构造简单，制装方便，在实施过程中不变形、不破坏、不倒塌。

（3）保护层垫块采用砼专用垫块。

图 3.2.4-24　保护层垫块安装

图 3.2.4-25　盖梁模板安装验收

3.2.4.4.6　混凝土浇筑

（1）严格控制施工配合比，混凝土要具有最佳和易性。

（2）混凝土的坍落度为18 cm～22 cm，混凝土首先从柱顶处开始浇筑，水平分层进行，上下层同时浇筑时，上层与下层前后浇筑距离应保持1.5 m以上。

（3）采用插入式振动器振捣，振动棒移动间距不应超过其作用半径的1.5倍，与侧模应保持5 cm～10 cm的距离，插入下层混凝土5 cm～10 cm。每一处振捣完毕后应边振动边徐徐提出振动棒，应避免振动棒碰撞钢筋、模板及其他预埋件。对每一振动部位，必须振动到该部位密实为止，密实的标志是混凝土停止下沉，不再冒出气泡，表面呈现平坦翻浆状态。

图3.2.4-26　混凝土浇筑

3.2.4.4.7　混凝土养生

拆模后应立即采用自动喷淋养生系统进行养护。该系统主要由纵向主水管、竖向分水管、横向分水管、喷淋支架及喷头、水泵及节流阀、限位开关、电控箱等组成。水泵扬程不小于35 m，喷头架设在支架上，向上喷水。主水管沿桥梁（远离便道侧）纵向布置,逐墩上桥,横向到位;横向分水管采用三通接喷头,安拆方便,并全覆盖篷布,成功实现了桥梁高空全天候、全湿润、自动喷淋一体化养护。

(a)

(b)

图3.2.4-27　混凝土养护

3.2.4.4.8　拆除支架抱箍

抱箍拆除流程为：侧模、底模拆除→底模分配梁拆除→调节架拆除→纵梁、横梁拆除→松除抱箍螺栓→拆除抱箍。

盖梁抱箍的拆除与安装顺序相反，先拆除侧模、底模、分配梁、调节架、纵横梁，然后利用吊车或卷扬机配合钢丝绳吊住事先在抱箍上安装好的吊点，防止拆除时抱箍自高空坠落。吊车(卷扬机)准备就位后，按照先外排后内排的顺序将抱箍的螺栓拧松，使抱箍分开成两半，再用吊车(卷扬机)将其下放到指定位置，直至全部拆除。

施工人员均通过安全爬梯抵达盖梁顶，并用吊车将安全操作吊篮吊至墩柱附近，将手拉葫芦固定在盖梁顶预埋好的挂件上，作业人员通过手拉葫芦来控制吊篮的升降。作业人员在吊篮上进行托架系统的安装工作，作业人员的安全带通过安全绳固定在墩顶预埋锁扣上。

图3.2.4-28　支架抱箍拆除

3.2.5　大体量多尺寸盖梁组拼式模板的应用

3.2.5.1　技术特点

为了节约成本,提高施工效率,保证施工质量,研发了一套可拼装、装配式、多尺寸的钢模板。

3.2.5.2　适用范围

公路桥梁枢纽区大体量、多形式尺寸盖梁的施工。

3.2.5.3　施工工艺及操作要点

3.2.5.3.1　枢纽区盖梁形式

枢纽区盖梁共计219个,盖梁长度7.7 m～27.4 m,共计46种;盖梁下方墩柱分为双柱式、三柱式、四柱式、五柱式4种,墩柱直径有1.2 m、1.3 m两种,盖梁底模尺寸难以统一,模板投入数量大。

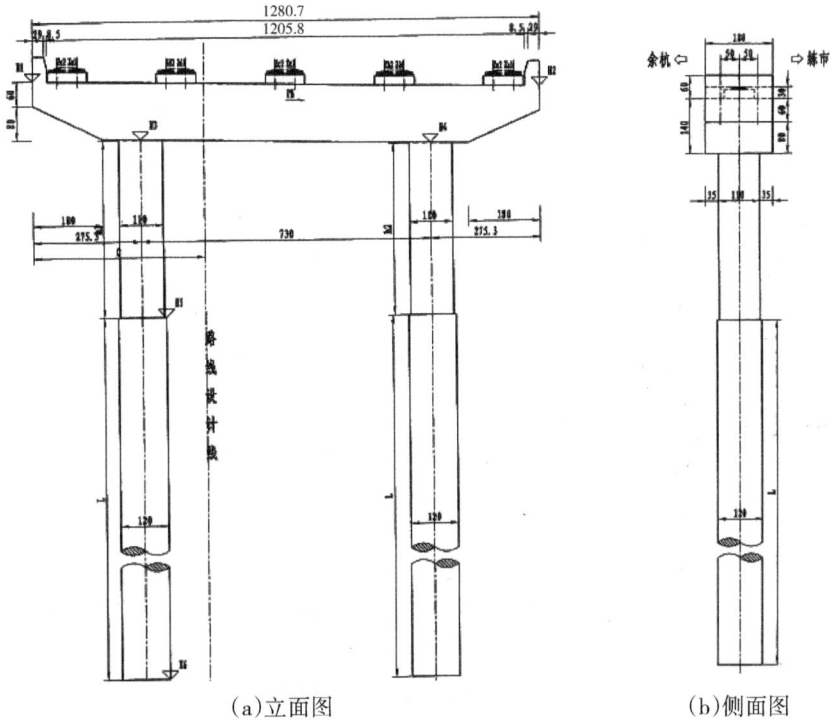

（a）立面图   （b）侧面图

图3.2.5-1　双柱式盖梁一般构造图

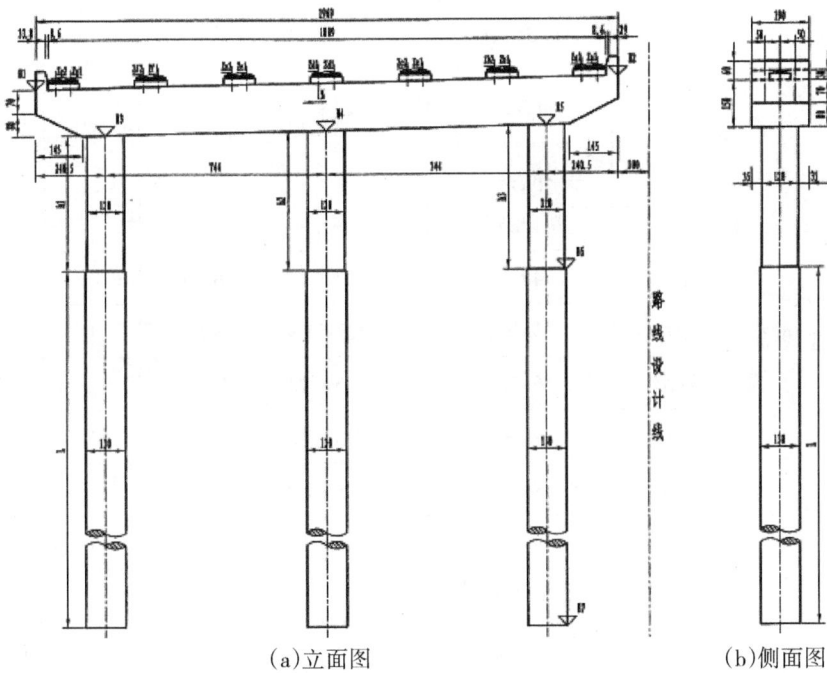

（a）立面图   （b）侧面图

图3.2.5-2　三柱式盖梁一般构造图

(a)立面图　　　　　　　　　　(b)侧面图

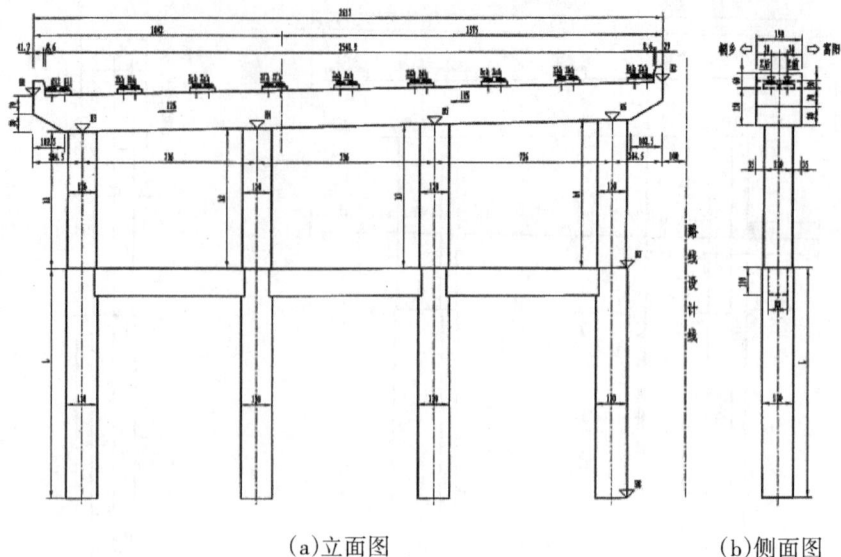

图3.2.5-3　四柱式盖梁一般构造图

表3.2.5-1　枢纽区盖梁工程数量表

序号	部位	截面形式	墩位	截面尺寸(高×宽×长)/m	个数	备注
1	新市枢纽互通主线桥	矩形	(1#—3#)左、21#、22#右	1.5×1.9×18.75	6	三柱式
		矩形	(1#—3#)、(5—7#)右、4#右、8#右、9#右、10#—17#、18#左、19#左、20#左、21#左、22#左	1.5×1.9×14.75	33	三柱式
		矩形	4#左	1.5×1.9×18.76	1	三柱式
		矩形	5#左	1.5×1.9×18.992	1	三柱式
		矩形	6#左	1.5×1.9×19.69	1	三柱式
		矩形	7#左	1.5×1.9×21.10	1	四柱式
		矩形	8#左	1.5×1.9×23.436	1	四柱式
		矩形	9#左	1.5×1.9×26.17	1	四柱式
		矩形	18#右	1.5×2.2×25.942	1	四柱式
		矩形	19#右	1.5×1.9×19.99	1	四柱式
		矩形	20#右	1.5×1.9×18.86	1	三柱式

序号	部位	截面形式	墩位	截面尺寸(高×宽×长)/m	个数	备注
1	新市枢纽互通主线桥	矩形	23#左	1.5×1.9×15.696	1	三柱式
		矩形	24#左	1.5×1.9×15.85	1	三柱式
		矩形	25#左	1.5×1.9×17.314	1	三柱式
		矩形	26#左	1.5×1.9×19.208	1	三柱式
		矩形	23#右、24#右、25#右、26#右	1.5×1.9×19.953	4	四柱式
		矩形	27#	高侧:1.802×1.9×19.953	2	四柱式
		矩形		低侧:1.6×1.9×19.953		四柱式
		矩形	29#、30#左、31#左、32#左、33#左	1.6×1.9×19.953	6	四柱式
		矩形	28#	1.6×1.9×20.194	2	四柱式
		矩形	30#右	1.6×1.9×18.652	1	三柱式
		矩形	31#右	1.6×1.9×16.393	1	三柱式
		矩形	32#右、33#右	1.6×1.9×15.696	2	三柱式
		矩形	34#左	高侧:1.5×1.9×18.75	1	三柱式
		矩形		低侧:1.6×1.8×18.75		三柱式
		矩形	34#右	高侧:1.792×1.9×14.75	1	三柱式
		矩形		低侧:1.6×1.9×14.75		三柱式
		矩形	35#左	1.5×1.9×19.147	1	三柱式
2	新市枢纽互通主线桥	矩形	36#左	1.5×1.9×21.066	1	四柱式
		矩形	37#左	1.5×1.9×27.406	1	五柱式
3	新市枢纽A匝道1#桥	矩形	1#、2#	2.7×0.8×9.25	2	双柱式
4	新市枢纽A匝道2#桥	矩形	2#	1.4×1.8×11.726	1	双柱式
		矩形	4#	高侧:1.7×1.9×10.70	1	双柱式
		矩形		低侧:1.5×1.9×10.70		双柱式
		矩形	5#-10#、12#-13#	1.5×1.9×10.70	8	双柱式
		矩形	11#	2×2.3×17.90	1	双柱式预应力盖梁

序号	部位	截面形式	墩位	截面尺寸(高×宽×长)/m	个数	备注
4	新市枢纽A匝道2#桥	矩形	14#	高侧:1.8×1.9×10.70	1	双柱式
		矩形		低侧:1.6×1.9×10.70		双柱式
		矩形	15#、16#、17#	1.6×1.9×10.70	3	双柱式
		矩形	18#	高侧:2.0×1.9×11.278	1	双柱式
		矩形		低侧:1.6×1.9×11.278		双柱式
		矩形	19#	1.4×1.8×12.557	1	双柱式
		矩形	1#	1.4×1.8×12.807	1	双柱式
		矩形	3#	1.4×1.8×11.03	1	双柱式
5	新市枢纽A匝道3#桥	矩形	1#—6#	1.5×1.9×8.5	6	双柱式
6	新市枢纽B匝道1#桥	矩形	1#—6#、12#—18#、22#—25#	1.5×1.9×8.5	17	双柱式
		矩形	8#、10#	1.4×1.8×8.5	2	双柱式
		矩形	7#	高侧:1.7×1.9×8.5	1	双柱式
		矩形		低侧:1.5×1.9×8.5		双柱式
		矩形	11#	高侧:1.7×1.9×8.5	1	双柱式
		矩形		低侧:1.5×1.9×8.5		双柱式
		矩形	19#	高侧:2.1×1.9×8.5	1	双柱式
		矩形		低侧:1.5×1.9×8.5		双柱式
		矩形	21#	高侧:2.1×1.9×8.5	1	双柱式
		矩形		低侧:1.5×1.9×8.5		双柱式
		矩形	9#	1.9×1.9×18.875	1	双柱式预应力盖梁
		矩形	26#	1.5×1.9×9.306	1	双柱式
		矩形	27#	1.5×1.9×10.134	1	双柱式
7	新市枢纽B匝道2#桥	矩形	1#—3#	1.4×1.8×8.5	3	双柱式
8	新市枢纽D匝道2#桥	矩形	8#—13#、24#—29#	1.5×1.9×8.5	12	双柱式

序号	部位	截面形式	墩位	截面尺寸(高×宽×长)/m	个数	备注
9	新市枢纽D 匝道2#桥	矩形	14#	高侧：2.1×1.9×8.5	1	双柱式
		矩形		低侧：1.5×1.9×8.5		双柱式
		矩形	16#	高侧：2.0×1.9×8.5	1	双柱式
		矩形		低侧：1.6×1.9×8.5		双柱式
		矩形	22#	1.5×1.9×15.849	1	双柱式 预应力 盖梁
		矩形	17#—18#	1.6×1.9×8.5	2	双柱式
10	新市枢纽D 匝道2#桥	矩形	19#	高侧：2.0×1.9×8.5	1	双柱式
		矩形		低侧：1.6×1.9×8.5		双柱式
		矩形	20#—21#	1.4×1.8×8.5	2	双柱式
		矩形	23#	1.7×1.9×8.5	1	双柱式
11	新市枢纽D 匝道3#桥	矩形	2#	高侧：1.69×1.9×12.15	1	双柱式
		矩形		低侧：1.5×1.9×12.15		双柱式
		矩形	3#	1.5×1.9×10.89	1	双柱式
		矩形	4#、6#、7#	1.5×1.9×10.70	3	双柱式
		矩形	1#	1.5×1.9×13.47	1	双柱式
		矩形	5#	1.5×1.9×10.75	1	双柱式
12	新市枢纽F 匝道1#桥	矩形	1#—7#	1.4×2.2×8.8	7	双柱式
		矩形	8#—9#	1.4×2.2×8.7	2	双柱式
13	新市枢纽G 匝道1#桥	矩形	20#—24#	1.4×1.9×7.7	5	双柱式
		矩形	14#—18#	1.5×1.9×7.7	5	双柱式
		矩形	12#	高侧：2.6×2.1×7.7	1	双柱式
		矩形		低侧：1.5×2.1×7.7		双柱式
		矩形	13#	高侧：2.4×2.1×7.7	1	双柱式
		矩形		低侧：1.5×2.1×7.7		双柱式
		矩形	19#	高侧：1.7×1.9×7.7	1	双柱式
		矩形		低侧：1.5×1.9×7.7		双柱式

续　表

序号	部位	截面形式	墩位	截面尺寸(高×宽×长)/m	个数	备注
14	新市枢纽H匝道桥	矩形	1#—10#	1.4×2.2×8.8	10	双柱式
		矩形	11#—12#	1.4×2.2×8.7	2	双柱式
15	新市枢纽P匝道桥	矩形	1#—3#	1.4×1.8×8.5	3	双柱式
16	新市枢纽Y匝道桥	矩形	1#	1.4×1.8×13.961	1	三柱式
		矩形	2#	1.4×1.8×12.917	1	双柱式
		矩形	3#	1.4×1.8×12.073	1	双柱式
17	坝桥村桥	矩形	(1#—4#)右	1.3×1.5×6.695	4	双柱式
18	河西角桥	矩形	3#右外	1.3×1.7×12.033	1	双柱式
		矩形	2#、3#(左、右内)	1.3×1.7×13.302	4	双柱式
19	河西角桥	矩形	(1#、2#)左外	1.3×1.7×14.571	2	三柱式
		矩形	2#右外	1.3×1.7×13.302	1	双柱式
		矩形	3#左外	1.3×1.7×14.571	1	三柱式
		矩形	4#右外	1.3×1.7×12.033	1	双柱式
		矩形	1#(左右内、右外)4#(左右内、左外)	1.3×1.7×13.302	6	双柱式
	小计				219	

3.2.5.3.2　模板设计

由于盖梁形式多样,项目部联合厂家对盖梁模板进行了专项设计。盖梁模板由标准节和调节段组成,可根据盖梁尺寸自由组拼。

(1)底模设置2.8 m、2.4 m标准节(含墩柱圆弧段),中间用10～140 cm的调节段,从而避免了盖梁多长度、多柱式的影响,实现了盖梁底模板的自由组拼,最大限度地提高了模板的周转率。如:长度8.5 m的双柱式盖梁采用2 m×2.4 m标准节+0.1 m调节段+2 m×2.4 m标准节;长度19.99 m的双柱式盖梁采用2 m×2.8 m标准节+0.8 m调节段+2 m×2.8 m标准节+0.8 m调节段+2 m×2.8 m标准节。

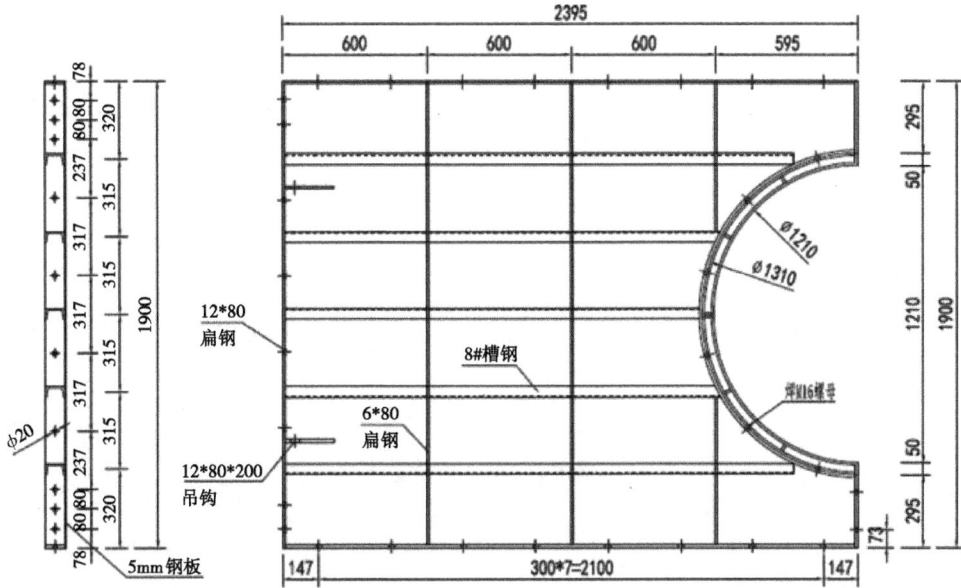

图 3.2.5-4 2.8 m 标准节

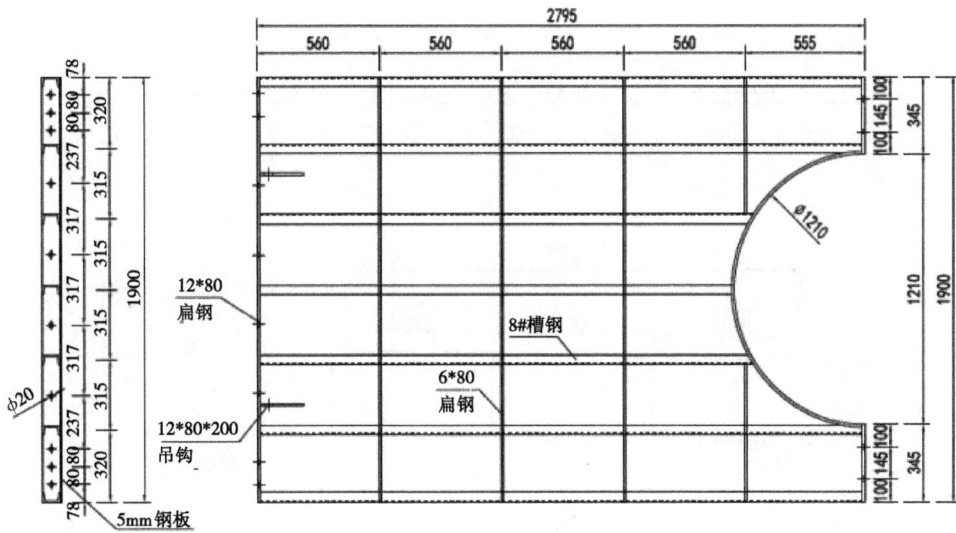

图 3.2.5-5 2.4 m 标准节

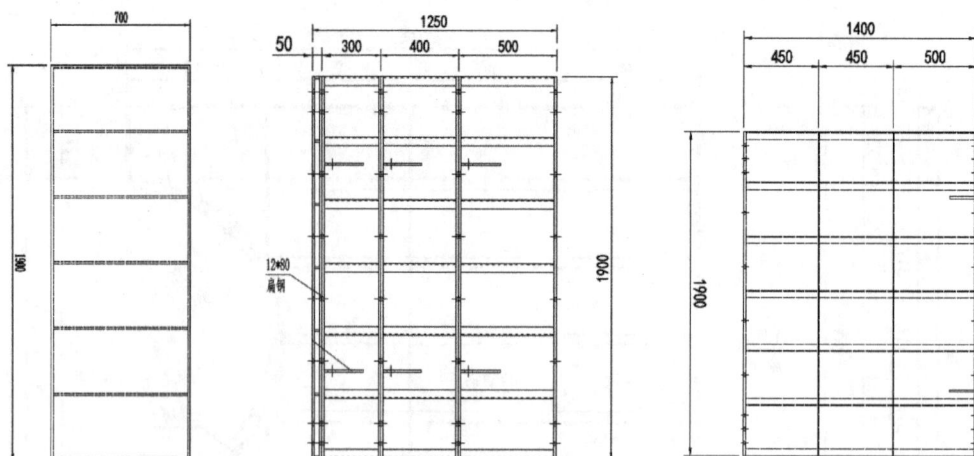

图3.2.5-6　调节段

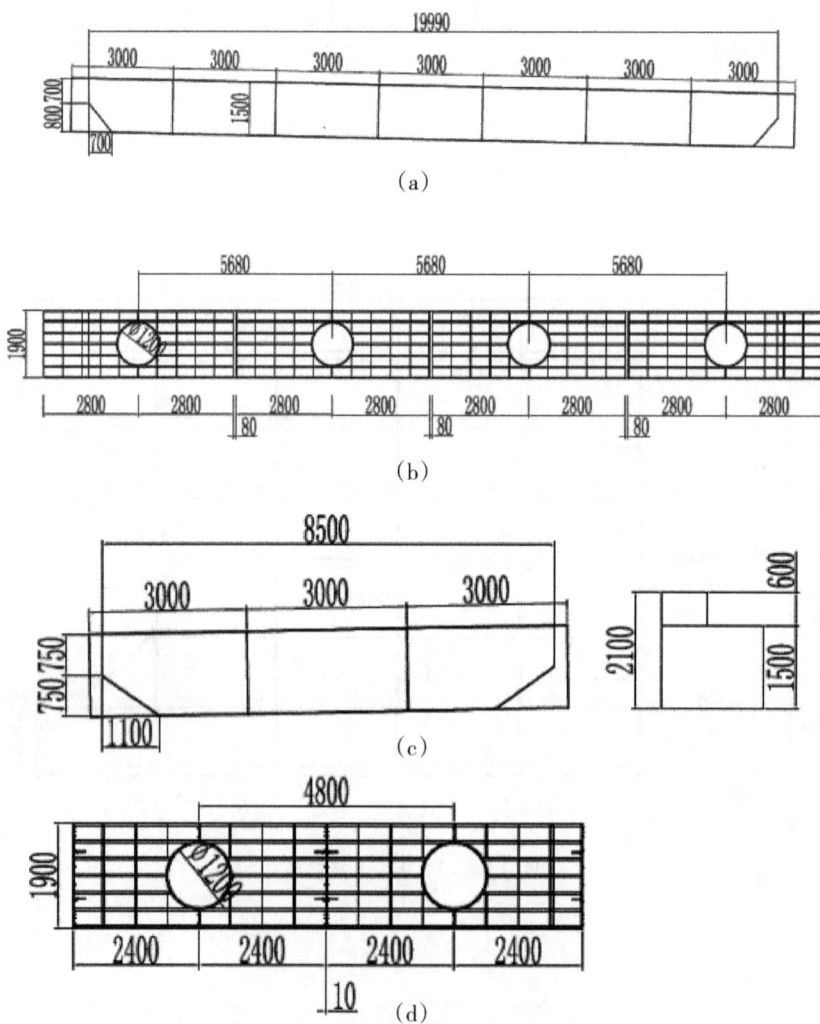

（a）

（b）

（c）

（d）

图3.2.5-7　盖梁底模组拼示意图

（2）通过螺栓将50 mm可拆卸式圆弧模板安装至2.8 m、2.4 m标准节（含墩柱圆弧段）上，实现了标准节圆弧段直径1.2 m到1.3 m的转化，从而避免了盖梁下方墩柱直径对底模的影响，进一步实现了盖梁底模板的自由组拼，最大限度地提高了模板的周转率。

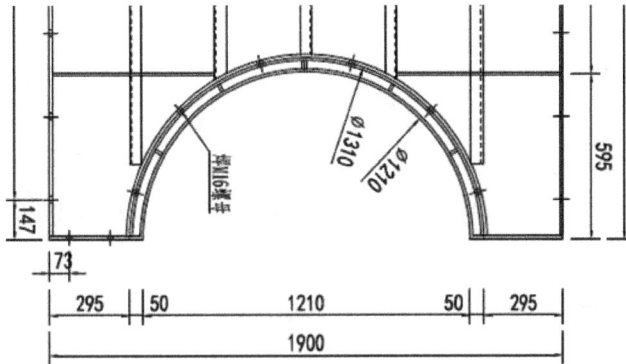

图 3.2.5-8　50 mm可拆卸式圆弧模板

3.2.6 桥梁下部结构全天候、全湿润、自动喷淋一体化养生循环系统

3.2.6.1 技术特点

为了解决桥梁高空养护洒水不均,水资源消耗大、难以全天候、全湿润地对混凝土进行养护等问题,研究改进自动喷淋一体化养生循环系统,解决高空养护的弊端,实现桥梁高空养护全天候、全湿润、循环式自动喷淋养生,提高混凝土的养护质量。

3.2.6.2 适用范围

公路桥梁下部结构养生。

3.2.6.3 施工工艺及操作要点

3.2.6.3.1 一体化养生系统概述

自动喷淋一体化养生循环系统主要由纵向主水管、横向分水管、喷淋支架及喷头、水泵及节流阀、限位开关、电控箱等组成。水泵扬程不小于35 m,喷头架设在支架上,向上喷水。

控制系统包括有人值守和自动定时循环两种模式:有人值守模式下,值班人员依据温度、天气、季节情况手动启停喷淋系统;自动定时循环模式下,工作人员依据温度、天气、季节情况设定每个循环周期喷淋工作时间和中间间隔时间,实现自动喷淋养护。

3.2.6.3.2　一体化养生施工工艺流程图

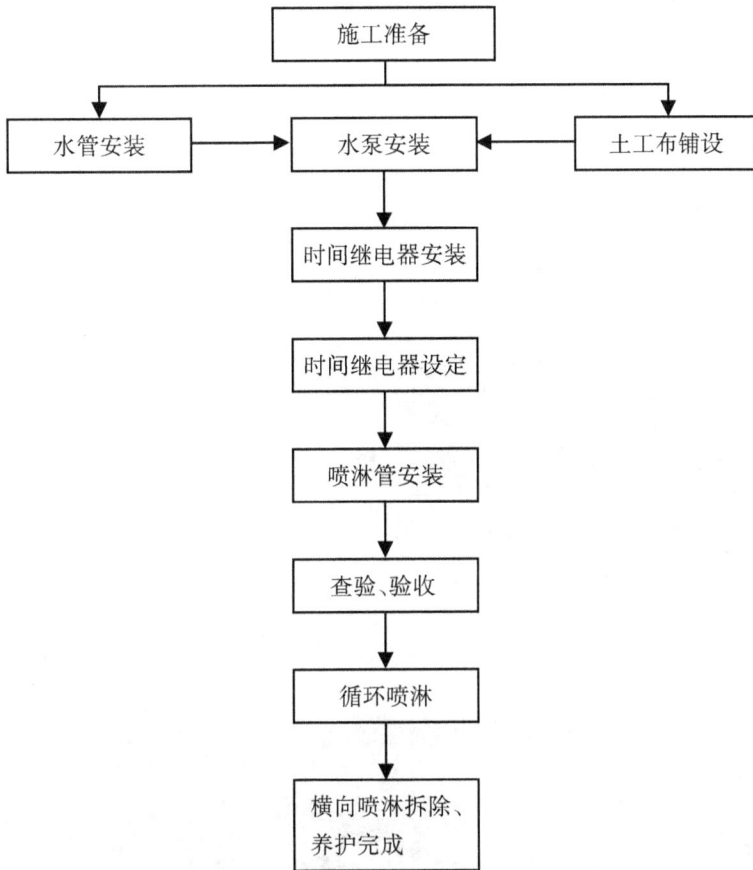

图 3.2.6-1　一体化养生系统施工工艺流程图

3.2.6.3.3　操作要点

(1)需有足够的水源,同时为了满足供水连续性的要求,需设置储水罐。储水量根据日养护数量确定,日养护数量较大时,可分段设置节水阀,养护时分段养护。

(2)喷淋之前打开电源,使水泵供水,水泵需具备较大扬程,以保证喷淋养护时有足够的压力。

(3)控制喷淋时间,若连续不断喷淋,一方面浪费水,另一方面不能持续保持水的压力。

(4)按需求调节时间继电器,以能将养护部位喷湿为准。设定时间一到,电磁阀自动打开自动进行喷淋养护;到了喷淋终止时间,电磁阀自动关闭,停止喷淋,以此实

现自动喷淋。

（5）经过喷淋后的施工用水进入排水沟,汇集到沉淀池内沉淀净化,经过沉淀净化后抽回储水池回收利用,既节约用水又保护环境。

3.2.6.3.4　实际操作

图3.2.6-2　养护主水管及分水管设置

图3.2.6-3　养护喷头设置

图3.2.6-4　自动喷淋养生

图3.2.6-5　雨水及养护水蓄水池

3.2.7　预制小箱梁标准化施工

3.2.7.1　技术特点

钢筋自动化加工,半成品超市化管理,骨架胎架化绑扎,模板液压式组拼,混凝土料斗入模,插入式振捣为主,附着式振捣为辅,结合全自动喷淋养生系统及全智能张拉压浆设备的使用,切实保证梁板质量。

3.2.7.2　适用范围

公路预制梁施工。

3.2.7.3　施工工艺及操作要点

3.2.7.3.1　预制梁施工工艺流程

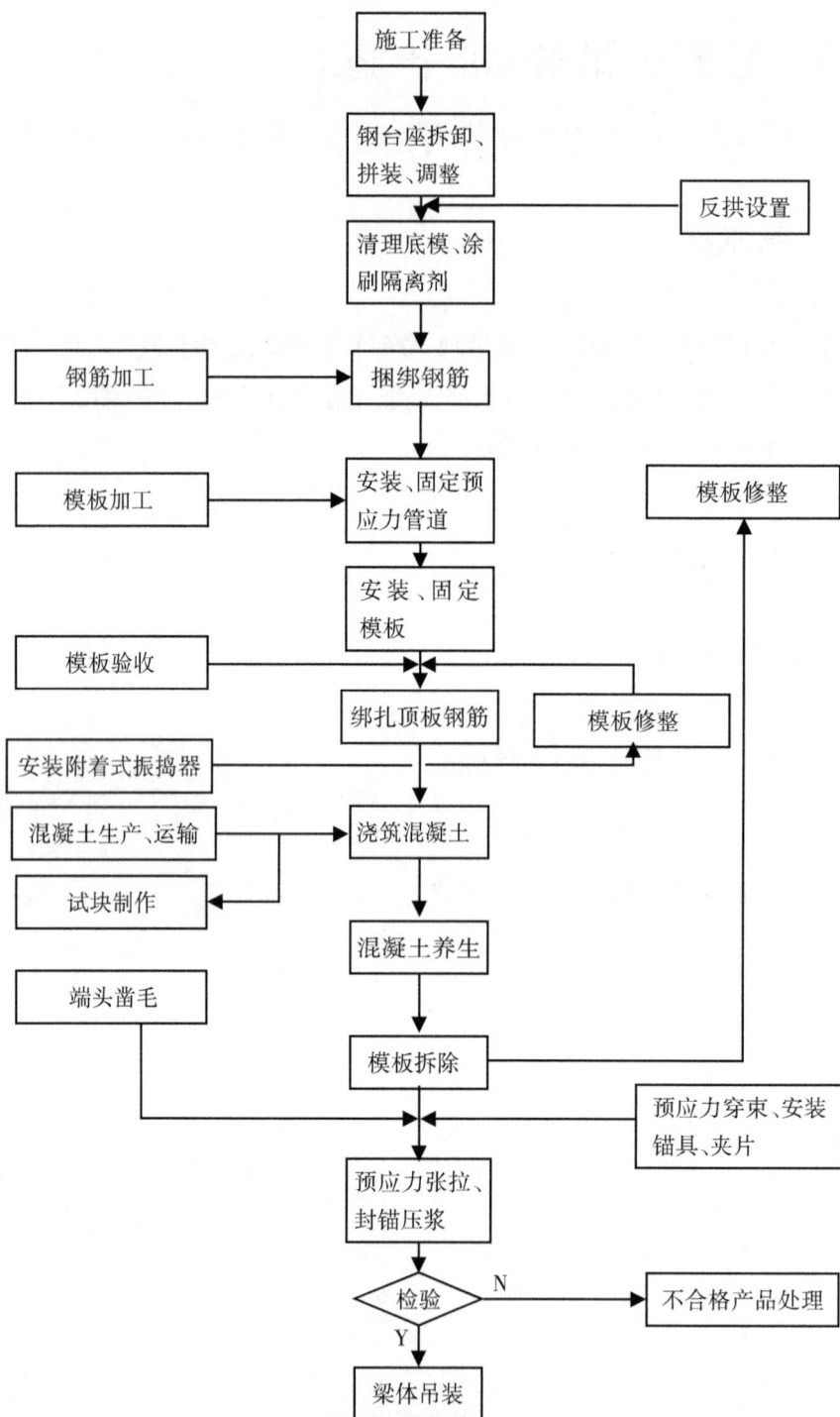

图 3.2.7-1　箱梁预制施工工艺流程图

3.2.7.3.2 可组拆式标准节不锈钢台座

为高效利用梁场用地,减少地基处理工程量,降低对环境的破坏,预制梁场使用钢台座,从上到下依次为 2 cm 厚钢板＋间距 1 m 的 5 cm 槽钢＋间距 1 m 的 I25/I32 工字钢,考虑张拉过程中两端受力的情况,台座两端各 4 m 区域槽钢及工字钢间距缩短至 0.5 m。

图 3.2.7-2　预制场不锈钢台座

按照本标段所涉及梁体型号,根据其跨径及标准节长度进行组合,其中 18.5 m～30 m 梁采用通用台座。

3.2.7.3.3 钢筋加工

(1)钢筋的验收与堆放。钢筋在进场前,须按照图纸和规范要求进行检验,检验合格后方可使用。材料进场后存放在钢筋存放区域,不直接堆放在地面或者平台上,采用钢筋架垫起不低于 30 cm。

(2)钢筋加工。

图 3.2.7-3　钢筋标准件展示台

图3.2.7-4　定位筋超市化管理

图3.2.7-5　钢筋半成品超市化管理

①钢筋全部在钢筋加工厂加工成型,运至现场绑扎或存放在半成品堆放区。钢筋要在加工现场放大样制作,确保钢筋加工尺寸符合设计及规范要求。

②钢筋下料前,首先对施工图中各种规格的钢筋长度、数量进行核对,确认无误

后下料。根据钢筋原材料长度与图纸设计长度并结合规范要求,在满足设计、规范要求的同时,减少钢筋损耗,合理搭配钢筋,错开接头位置,确定钢筋的下料长度。

③考虑弯曲时的伸长值,钢筋下料时可以在工作平台上量取所需下料长度,再用木板定位,确保下料准确。钢筋弯曲时也可以采用同样的方法。

④严禁使用气焊或点焊方式切割钢筋,对特殊部位不能使用切断机切断的应使用无齿锯切割。

⑤钢筋下料加工成型后堆放整齐,并悬挂标识牌标明使用部位、钢筋种类、长度等。

⑥钢筋原材料及半成品均需进行支垫,支垫高度不小于30 cm。

⑦钢筋焊接时,严禁随意选择焊条型号,不得使用受潮焊条。焊接时设置同心弯确保钢筋接头位置同心,焊接完成后敲掉药皮。

表3.2.7-1 钢筋加工验收标准

序号	检查项目	允许偏差	检查方法
1	弯折角度(°)	±3	尺量
2	受力钢筋长度方向加工后的全长(cm)	±10	尺量
3	弯起钢筋各部分尺寸(cm)	±20	尺量
4	箍筋、螺旋筋各部分尺寸(cm)	±5	尺量

(3)钢筋安装。

①预制梁体的钢筋在钢筋胎架上进行绑扎。设置定位卡槽以控制布筋间距。

②考虑钢筋绑扎的流水作业及作业节拍,减少各工序之间停滞时间,优先考虑齿块钢筋和底腹板钢筋的绑扎,将绑扎完成的齿块钢筋定位于顶板钢筋胎架的相应位置,然后进行顶板钢筋绑扎,同时将完成绑扎的底腹板钢筋吊至制梁台座上,放样并定位。

③待顶板钢筋完成绑扎后,将顶板钢筋吊离钢筋胎架并在底腹板钢筋上进行定位安装或存放至指定位置,以提高钢筋胎架的利用率。

④钢筋绑扎时应确保定位钢筋位置正确,以保障预应力管道的平顺。当梁体钢筋与预应力管道相碰时,可适当移动梁体的构造钢筋或进行适当弯折。对预应力筋竖弯及平弯处的箍筋应特别注意绑扎牢固。

⑤锚垫板、锚下螺旋筋与分布筋相扰时,可适当移动或调整布筋间距,确保螺旋

筋位置正确。

⑥在绑扎梁体钢筋时,应同时绑扎桥面、防撞护栏、伸缩缝及横隔板的预留钢筋,在钢筋较密处,应注意混凝土的灌注通路,必要时将相邻钢筋成束绑扎。

⑦绑扎铁丝尾段不得伸入保护层内,保护层采用不低于梁体寿命和强度的混凝土垫块进行控制,保护层垫块每平方米不少于4个,垫块呈梅花形布置,以确保保护层满足规范及设计要求,保证梁体的耐久性。

⑧桥面泄水孔处钢筋可适当移动,并增设螺旋筋进行加强。绑扎钢筋时,注意梁端伸缩缝配件及其他相关预埋件的埋设。

⑨钢筋绑扎完成后,注意检查变截面处拉钩长度,避免拉钩处保护层不足。

⑩直径在16 mm以上的钢筋采用电焊连接,其焊接长度:单面焊为10 d,双面焊为5 d(d为钢筋直径),采用焊接的接头注意设置同心弯,确保钢筋接头位置同心,配置在同一截面的接头严格按施工规范执行。

⑪底模清理干净,涂上一层隔离剂,调整安装梁底钢板,安装保护层垫块,安放钢筋笼。安装梁底钢板时应按照桥型纵坡调整钢板。

图3.2.7-6　钢筋绑扎

图3.2.7-7　钢筋标准化胎架绑扎

图3.2.7-8　波纹管采用井字形定位筋,安装位置准确且水平

图3.2.7-9　波纹管之间用热熔套进行连接

图3.2.7-10　管道坐标安装要正确,其端部的中心线应与锚垫板相垂直

表3.2.7-2　钢筋安装实测项目

项次	检查项目		规定值或允许偏差/mm	检查方法
1	受力钢筋间距	两排以上排距	±5	每个构件检查2个断面,用尺量
		同排(梁板)	±10	
2	箍筋、横向水平钢筋、间距		±10	每个构件检查5~10个间距
3	钢筋骨架尺寸	长	±10	按骨架总数的30%抽查
		高、宽	±5	
4	弯起钢筋位置		±20	每个骨架抽查30%
5	保护层厚度	板	±5	每个构件沿模板周边检查8处

3.2.7.3.4　预应力管道安装

波纹管钢筋定位胎架的发明,使波纹管定位钢筋后场批量加工生产得以实现,提高了预应力孔道定位筋的安装效率及精度,满足预制梁场批量化加工生产要求。

设放置台与定位块。定位块根据波纹管线型分段一次放样并焊接定型,可供重复使用,从而节约了人工成本,提高了生产效率。通过台座坐标系可以准确找出波纹管在腹板钢筋内的位置,同时定位块的设置避免了在焊接波纹管定位钢筋时人为因素造成的偏差;将现有的后加工波纹管定位钢筋(腹板钢筋安装之后)改为先加工波纹管定位筋,避免了其他钢筋对波纹管定位筋焊接的干扰。

图3.2.7-11　波纹管钢筋定位胎架

非预应力钢筋骨架绑扎完成后,进行塑料波纹管定位安装。管道应按设计规定的坐标位置进行安装,并用定位钢筋固定,使其能牢固地置于模板内的设计位置上,且在混凝土浇筑期间不产生位移。管道与普通钢筋重叠时,应移动普通钢筋,不得改变管道的设计坐标位置。

(1)波纹管采用"定位网法"安装,严格按照设计给定的坐标将波纹管用"#"形定位筋进行固定,定位筋用ϕ8钢筋,曲线段每25 cm一道,直线段每50 cm一道。

(2)钢束平弯处设置防崩钢筋。防崩钢筋的内侧圆弧一定要与波纹管内曲面相密贴,定位筋和防崩钢筋点焊在箱梁腹板或箍筋上,不得松动。

(3)定位过程中应防止锐器刮破、电弧焊火花烧伤波纹管,以免造成漏浆。定位完成后的管道应平顺,其端部的中心线应与锚垫板相垂直。

(4)波纹管接头处的连接管宜采用大一级的同类管道,其长度宜为被连接管道内径的5～7倍。连接时不应使接头处产生角度变化,在混凝土浇筑期间管道不得转动或发生移位,应将其缠裹紧密以防水泥浆渗入,建议采用热熔套施工。

图3.2.7-12　预应力管道定位

（5）采用真空辅助压浆工艺进行孔道压浆时，管道的所有接头应具有可靠的密封性能，并应满足真空度的要求。

（6）按设计角度安装锚垫板。锚垫板与波纹管对中，螺旋筋抵到锚垫板后，以"进浆口在下，出浆口在上""进浆口在低侧，出浆口在高侧"的原则安装锚垫板，并将压浆口用棉絮或泡沫剂等进行堵塞，防止浇筑时混凝土进入。锚垫板后设立加强筋，确保混凝土振捣密实。施工时注意对波纹管的保护，混凝土浇筑前对波纹管细致检查，若发现损坏，及时进行处理。

（7）上述工作完成后，安装具有一定刚度的内撑管。内撑管的直径比预应力管道的直径稍小，波纹管直径按照设计要求选用。

表3.2.7-3　管道安装验收标准

项次	检查项目		规定值或允许偏差/mm	检查方法或频率
1	管道坐标	梁长方向	±30	尺量：抽查30%，每根查10个点
		梁高方向	±10	
2	管道间距	同排	10	尺量：抽查30%，每根查5个点
		上下层	10	

3.2.7.3.5　钢筋入模

钢筋报检及模板清理完成,经检查合格后,进行底腹板钢筋入模施工。入模前应做好钢筋骨架和模板对中标识,保证底腹板钢筋骨架入模后位置偏差控制在10 mm以内。采用专用吊具对钢筋进行吊装,保证钢筋骨架稳定不变形。

图3.2.7-13　用标准专业吊具吊装钢筋骨架

图3.2.7-14　用标准专业吊具吊装底腹板钢筋骨架入模

图 3.2.7-15　用专业吊具吊装顶板钢筋骨架

图 3.2.7-16　用专业吊具吊装顶板钢筋

(a)

(b)

图 3.2.7-17　波纹管衬管安装

3.2.7.3.6　模板工程

为确保预制梁体外观质量,本标段梁场所有外模均使用不锈钢模板,其中25 m箱梁采用液压外模板,其余均为普通钢模板。不锈钢模板为厚度8 mm的不锈钢板,这种模板具有足够的刚度和强度,使用这种模板可避免混凝土浇筑完成后表面泛红的现象,同时不锈钢面板表层具有良好的镜面效果,最大限度地减少了面板对混凝土内气泡的吸附,使浇筑的梁体外观达到非常理想的状态。为提高模板利用率,节约模板成本,箱梁采用通用不锈钢模板,通过调节模板块适应不同跨径梁体预制。

图3.2.7-18　预制梁不锈钢液压模板

预制小箱梁的传统工艺复杂,模板分块安装误差大,容易出现接缝不严密、漏浆、错台等问题,模板在施工过程中易变形。模板安装及拆除过程中需用专门的起重吊装设备,内模靠人工拆除,工作效率低,生产成本大,存在安全、质量隐患。借鉴移动模架法桥梁施工中的模板设计原理,克服传统预制箱梁工艺缺陷,成功实现了模板自动化调整,提高了生产效率,降低了施工成本,保证了施工质量。

预制箱梁外模采用可行走式整体液压模板。该模板由轨道行走系统、液压升降与平移系统、模板3部分组成。整个箱梁外模分为4块,从中间横隔板处断开分成两节。每块模板有2个行走台车,模板置于2个纵移小车上,小车沿轨道纵向移动,模板从一个台座移至另一个台座。每个小车设置水平和垂直两类千斤顶:水平千斤顶能使模板做水平移动,实现模板的开模与合模;垂直千斤顶使模板上下升降运动,能调节模板高低,可实现模板安装的精准定位,消除漏浆、错缝现象。

(a)　　　　　　　　　　　　　　(b)

图3.2.7-19　模板行走、液压系统、行走轨道

图3.2.7-20　液压模板施工平台、防护一体化

箱梁高1.4 m,模板上方平台若无临边防护,易发生人员坠落等事故。为落实标准化施工要求,于模板上方平台预留孔,用螺栓将平台与护栏进行拴接固定,实现防护、平台一体化设置。

图3.2.7-21　内模清理

图3.2.7-22　内模安装

内模采用钢模板,底板设排气孔,用内模拉杆将内模与底模连接,防止内模上浮。为防止内模变形,在内模上设置加劲肋。

内模拉杆通过通气孔与底板连接,代替"传统压杠",防止内模上浮,节约空间,省时省力。

图 3.2.7–23　内模拉杆

3.2.7.3.7　混凝土工程

将混凝土配合比上报监理工程师,经监理程师批准后方可进行混凝土拌和。混凝土拌制完成后,由现场试验员取样检测混凝土的坍落度,同时制作试块。

混凝土运至现场,试验室负责人和现场施工员配合监理工程师做混凝土坍落度试验,实测坍落度为 180 mm,混凝土符合设计及规范要求。

浇筑时从前往后、从左往右依次浇筑,严格控制混凝土的下料速度及厚度,分层浇筑。混凝土振捣时应快插慢拔保证气泡完全排除,底板混凝土主要是在浇筑腹板底层时通过振捣流入。箱梁腹板混凝土的浇筑按"先两头后中间"的顺序浇筑,根据混凝土的自然流动性分层浇筑,振捣密实,每层浇筑厚度约 30 cm。将梁腹板自梁端起约每 2 m 为一段,混凝土施工时,先从梁端第一段注入混凝土约 30 cm 厚,振捣密实后再对第二段的第一层及第一段的第二层施工,依此类推,直至整个腹板施工完成。

顶板混凝土从一端往另一端依次浇筑,再用振动棒配合插入式振动器振捣混凝土,先用振动棒将混凝土振捣密实,人工用砂铲将混凝土表面整平,再用振动器拖振一遍,以保证混凝土表层密料及平整。注意将模板边角及负弯矩加强筋处填满充实,并加强振捣,为保护负弯矩加强筋,必要时可用砂铲人工补充混凝土,并辅助插入式振动棒振捣,保证负弯矩处混凝土振捣密实。在顶板混凝土浇筑后,及时将顶板表面拉毛,以利于箱梁顶板混凝土与桥面铺装层混凝土的结合。

混凝土的振捣以附着式振动器振捣为主,插入式振动器振捣为辅。附着式振动器按 1.0 m～1.5 m 的间距上下错开 40 cm 呈梅花形布设,配备 2 台高频控制柜,分布在模板两侧,按浇筑方向、顺序、浇筑层高分级控制附着式振动器,每处振动时间控制在 20 s～30 s,开启次数应以振到混凝土成一水平面且不再出现大量气泡为止。对于附着式振动器,须待混凝土浇筑到高于振动器位置时,再开机振动。当结构断面较窄、钢筋较密、混凝土不易分布时,可多设浇筑点,多安装振动器,边浇筑、边振捣。用插入式振动器振捣时,振动棒应插入上层混凝土约 5 cm,以保证先后浇筑的 2 层混凝土接合严密。当混凝土不再下沉、冒出气泡、表面翻浆时可认为混凝土已振捣密实。

浇筑过程中按规范要求检测混凝土工作性,同时为收集更多试验数据,试验室制作同条件立方体试件 3 组,弹性模量试件 3 组,分别进行 7 天、10 天、28 天试验,为预应力张拉提供依据,标准养护立方体试件 3 组、弹性模量试件 1 组,进行 28 天强度试验。

混凝土浇筑完成后进行第一次收面,用铁抹子在混凝土表面反复压抹,直至达到工程所需表面平整光洁要求,在混凝土初凝前 8min,进行第 2 次收面施工。待收面完成后用毛刷进行混凝土面拉毛施工,拉毛时应顺横坡方向进行,一次完成,中途不得停留,拉毛深度控制在 1 mm～2 mm。

图 3.2.7-24　现场混凝土浇筑

图 3.2.7-25　混凝土收面

图3.2.7-26　混凝土面拉毛

3.2.7.3.8　混凝土养生、模板拆除及凿毛

将混凝土面拉毛后进行顶板的覆盖养生,待模板拆除后用土工布覆盖混凝土面,用智能养护仪自动洒水养护。智能养护仪采用手机App智能控制,可根据内置温湿度传感器自动感应梁体及环境温湿度,自动调节养护频率,杜绝人为干扰造成养护频率不足的情况发生。对于干硬性混凝土、炎热夏季浇筑的混凝土及大面积裸露的混凝土,待收浆后再覆盖土工布和洒水养生,养护期间土工布应保持湿润。同时,还应注意以下事项:

(1)当气温低于5 ℃时,应覆盖保温,不得向混凝土面上洒水;

(2)混凝土养护用水的要求与拌和用水要求相同;

(3)混凝土的洒水养生时间一般为10天,可根据气温、湿度、水泥品质和掺入外加剂等情况酌情延长或缩短;

(4)混凝土强度达到2.5MPa前,不得使其承受外加荷载。

待混凝土强度增强后进行模板的拆除施工。先拆除内模,再对外模及端头板进行拆除。拆除时必须保证成品混凝土棱角完整。内模拆除不可过早,夏季内模拆除时间控制在混凝土初凝后3 h~4 h,冬季需要延迟至7 h~8 h。

梁端模板拆除后,梁体混凝土强度满足人工凿毛强度大于2.5MPa、机械凿毛强度达到10MPa的要求,方可进行凿毛。凿毛施工应凿除已浇筑混凝土表面的水泥砂浆和松软层,凿毛露出的新鲜混凝土面面积不少于总面积的75%,对靠近预应力孔道的表面进行凿毛施工时,应注意对预应力管道的保护,并应加强对普通的钢筋位置凿毛施工。

经凿毛处理后的混凝土面经桥梁主管工程师验收后,应用水清洗干净,且注意表面不得有积水,在浇筑新的混凝土前,应在梁端凿毛后的混凝土表面刷一层水泥净浆。

图3.2.7-27　内模拆除

图 3.2.7-28　端头板拆除

图 3.2.7-29　混凝土凿毛

3.2.7.3.9 预应力工程

按照设计要求,混凝土龄期达到10天、强度和弹性模量达到90%,方可进行预应力钢束张拉,对现场同期养护的混凝土试块进行强度及弹性模量的试验,各项指标均符合设计要求。

3.2.7.3.9.1 钢绞线穿束

本标段采用高强低松弛钢绞线,直径为15.2 mm,截面积为140 mm²,抗拉强度为1860 MPa,1000 h后应力松弛率不大于2.5%,钢绞线弹性模量 $Es = 1.95 \times 105$ MPa。

钢绞线及锚夹具有出厂合格证,运至现场后,工地建立临时钢绞线、锚具库房,设专人看管,试验(按规范要求分批进行)合格后方可使用。钢绞线盘重大、盘卷小、弹力大,为了防止在下料过程中钢绞线紊乱并弹出伤人,应事先制作一个简易的铁笼,下料时,将钢绞线盘卷放在铁笼内,从盘卷中央逐步抽出钢绞线,以确保安全。

钢绞线下料必须采用砂轮机进行切割,穿束前用不同颜色对每根钢绞线进行标记,保证钢绞线穿入孔道内不绞缠,锚板应一一对应安装。

图3.2.7-30 钢绞线标识

图3.2.7-31　设置智能千斤顶张拉

3.2.7.3.9.2　预应力施工主要设备及校检

张拉时采用与油泵压力表配套的120t型千斤顶。为确保张拉精度符合要求,张拉机具应与锚具配套使用,应在进场时进行检查和校验。千斤顶与压力表配套校验,以确保张拉力与压力表读数之间的关系曲线准确,所有压力表的精度不宜低于1.5级,校验千斤顶用的试验机或测力机的精度误差在±2%。校验应定期在主管部门授权的法定计量技术机构内进行。

张拉机具设备及仪表由专人使用和管理,并定期维护和校验,校验期限应视机具设备使用的情况确定,当千斤顶出现下列任一情况时应重新标定:

①千斤顶使用6个月或张拉300次;

②使用过程中千斤顶或压力表出现异常情况;

③千斤顶检修或更换配件后;

④延伸量出现系统性的偏大或偏小。

3.2.7.3.9.3　预应力张拉

预应力采用120t型千斤顶及智能张拉机进行两端对称张拉。张拉前应检查张拉设备的状况及锚具、钢绞线束,确认设备状态良好,钢绞线束、锚具正确无误后才允许进行张拉作业。

预应力张拉根据孔道摩阻损失检测实际值,并进行张拉力及理论伸长量计算。张拉时应按照张拉力及伸长量双控,伸长量误差控制在±6%内,张拉时分4级张拉,张拉完成时应持荷5 min。

在张拉前应在张拉千斤顶的前面设一块张拉挡板。张拉挡板用钢板制成,以防止钢绞线意外拉断时夹片或钢束弹回伤人,同时禁止在张拉千斤顶后站人,如何与施工无关的人员不得接近正在张拉的梁体两端。

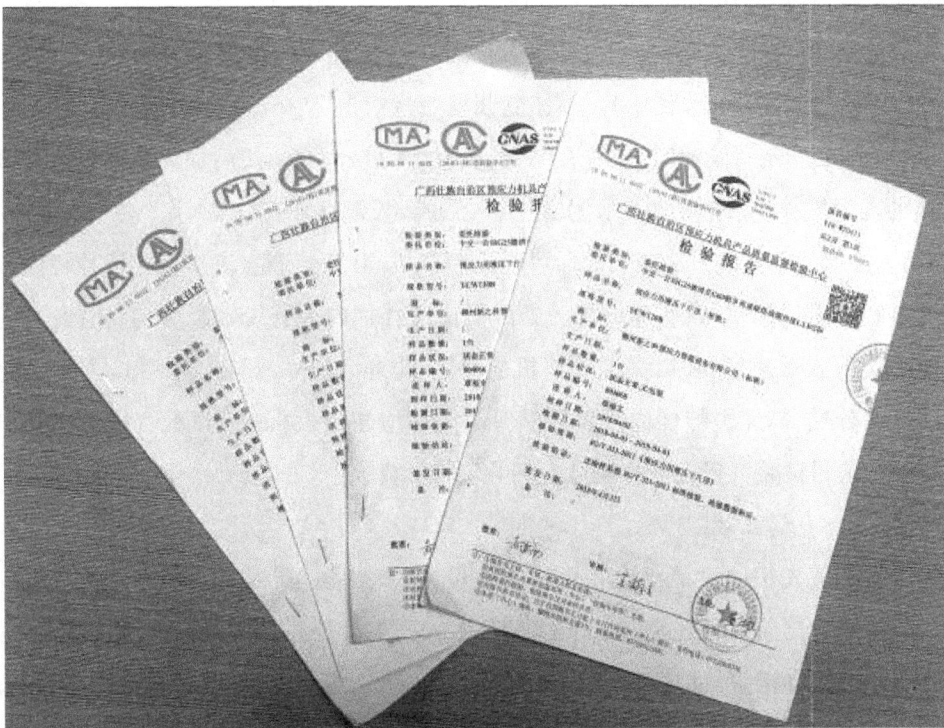

图3.2.7-32 千斤顶检验报告

3.2.7.3.10 孔道压浆

3.2.7.3.10.1 切割锚外钢绞丝

锚固完毕并经检验确认合格后切割端头多余预应力筋,切割时宜用砂轮锯,严禁采用电弧进行切割,同时不得损伤锚具。切割后预应力筋的外露长度不应小于30 mm,且不应小于1.5倍预应力筋直径。

3.2.7.3.10.2 封锚

多余钢绞线切割完毕后,用不低于结构本身强度等级的水泥封锚,封锚要求孔道压浆时不崩裂、不漏浆。

3.2.7.3.10.3 孔道清理

在压浆前应用压力水冲洗孔道,以排除孔内粉渣等杂物,保证孔壁结合良好。在冲洗过程中,如发现冒水、漏水的现象,则应及时堵塞漏洞。

3.2.7.3.10.4 材料试配

根据规范要求,预应力管道灌浆所用浆液的水胶比为 0.26～0.28,其初始流动度应大于 10 s～17 s,30 min 后的流动度应不大于 20 s。预应力智能压浆台车高速制浆机转速为 1420 r/min,可适应制备低水胶比浆液,为保证浆体质量,本项目采用成品压浆剂(经试配选用 0.28 水胶比)。高速制浆桶每次可制备 3～5 包压浆剂(每包压浆剂质量为 50 kg)。制备浆液时,应先在制浆桶内加入量好的水,然后加入压浆料,再开启搅拌机进行搅拌,应缓慢加入水泥,以免水泥成团,搅拌不开。最后一包压浆剂加入以后,搅拌时间不宜超过 5 min,而后可开启制浆机阀门,浆液自流至低速搅拌桶内,同时开启低速搅拌桶,开始低速搅拌。如因低速搅拌桶内存有较多浆液,高速桶内浆液暂时不能放入低速桶内时,高速制浆机应每隔 3 min～5 min 开启搅拌 30 s 左右,以免浆液沉淀分层,高速搅拌桶内浆液的储存时间不应超过 30 min。试配完成后,由监理工程师和项目试验负责人进行浆体检测并制作试件。

3.2.7.3.10.5 孔道压浆

压浆时应先按照设计要求在智能压浆设备中输入压浆相关设计值,压浆过程由专人负责观察出浆口排气孔与智能压浆设备的压浆量及压力值,最后以 0.5 MPa 压力保持 5 min,并将相关数据源保存至电脑内。孔道压浆后应立即将梁端及管道水泥浆冲洗干净。

3.2.8　桥面铺装及护栏标准化施工

3.2.8.1　技术特点

桥面系双核"4+1"施工方法,通过优化设备、改进工艺,可大大提高施工效率及质量,可真正实现工点标准化、机械化、智能化,是将来桥梁施工标准化的主要发展方向。

3.2.8.2　标准化总结——桥面系双核"4+1"

图3.2.8-1　全自动摊铺整平一体机

图3.2.8-2　钢筋保护层检测台车

图3.2.8-3　座架式磨光机

图3.2.8-4 全自动拉毛机

图3.2.8-5 桥面铺装自动养护

图3.2.8-6　护栏钢筋定位胎架

图3.2.8-7　护栏钢筋定位装置

图 3.2.8-8　护栏钢筋焊接防护平台

图 3.2.8-9　护栏模板安装台车

图 3.2.8-10　护栏智能养护系统

表 3.2.8-1　桥面铺装施工主要设备

设备名称	规格型号	用途
钢筋保护层检测台车		钢筋网片保护层厚度检查
全自动摊铺整平一体机	TZ-219	桥面摊铺及整平
座驾式磨光机	YJM630	桥面抹面
全自动拉毛台车		混凝土拉毛
桥面铺装养护装置		智能养护

表 3.2.8-2　护栏施工主要设备

设备名称	规格型号	用途
护栏钢筋定位胎架		设置护栏导向钢筋
护栏钢筋定位装置		护栏钢筋精准定位
护栏钢筋焊接防护平台		防火花溅落
护栏模板安装台车		模板安装
护栏智能养护系统		护栏养护

3.2.8.3　施工工艺及操作要点

3.2.8.3.1　桥面铺装施工

3.2.8.3.1.1　桥面清理

遵照一"凿"、二"扫"、三"吹"、四"冲洗"原则对桥面进行清理。

第一步：用电镐凿除桥面松散的混凝土或浮浆。

第二步：用扫把将桥面上的杂物清扫干净。

第三步：用鼓风机吹掉桥面残留的灰尘。

第四步：用清水清洗桥梁面板。

(a)

(b)

(c)

图 3.2.8-11　桥面清理

3.2.8.3.1.2 测量放样

测量人员对桥梁进行梁板高程测量。

为保证桥面铺装厚度、纵横坡度,对桥面做横断面测量放样,布设施工标高控制点,每5 m设置一个断面,控制点用钢筋固定,并标记混凝土浇筑高度。

图 3.2.8–12　测量放样

3.2.8.3.1.3 标准带施工

标准带宽度宜不侵入行车道为宜,施工前应检查并按照图纸调整标准带范围内的桥面剪力筋。

每5 m设置一个标高点,调整槽钢卡扣高度,将其作为控制高程的基准面,选用30 mm的方钢作为标准带混凝土的边模,以严格控制网片保护层厚度。

安装梳齿板,防止漏浆。

标准带施工过程中应进行粗平、振捣精平、钢抹精平及初凝后二次收面共四次收面,初凝前靠尺检查平整度与坡度,然后拉毛,覆盖土工布,洒水养生。

图 3.2.8-13　高度调节装置

图 3.2.8-14　梳齿板

图 3.2.8-15　平整度调整

图 3.2.8-16　养护

3.2.8.3.1.4　网片铺装

钢筋焊网施工前需要根据桥面分幅宽度设计网片尺寸,设计时还要考虑各幅钢筋的搭接和吊装过程中的网片刚度。

网片进场时要进行尺寸的初检,重量偏差自检,力学性能指标等外围检测。所有网片检测合格后方可使用。

焊网采用平搭法,即一张钢筋网片的钢筋镶入另一张钢筋网片,使2张网片的纵向和横向钢筋各自在同一平面内搭接,搭接长度不小于20 d(d为钢筋直径),并用扎丝绑紧。为了避免平搭法出现3层或者4层交叠的情况,项目主线桥采用的是6.06×2.3(铺装)和6×2.3(标准带)两种规格,横向钢筋在下,与剪力筋错开,交叠处预留一根钢筋,铺装完后绑扎。

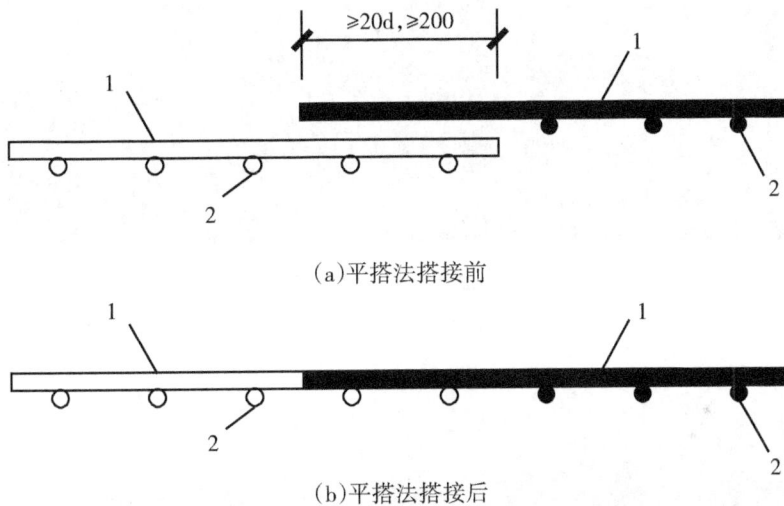

(a)平搭法搭接前

(b)平搭法搭接后

(c)

图3.2.8-17　网片搭接方式

3.2.8.3.1.5 网片保护层调整

网片搭接、网片与剪力筋之间应采用绑扎搭接法。

采用保护层检测台车进行检查,调整剪力筋。

在空当处加设垫块,最终达到整体稳定、不下沉的效果。下保护层采用同标号砂浆垫块支垫,呈梅花形均匀布设。

图3.2.8-18 网片铺设

图3.2.8-19 保护层调整

3.2.8.3.1.6　混凝土浇筑

浇筑混凝土工作尽量安排在无风的天气,桥面混凝土采用混凝土罐车运输,然后汽车泵将混凝土泵送到待浇筑部位,混凝土的坍落度控制在180 mm～200 mm,并适当增加混凝土搅拌时间,浇筑过程中减少集中放料,避免损坏网片,浇筑之前要用水湿润桥面板。

铺装混凝土采用自动摊铺整平机进行摊铺整平。三辊轴包含绞龙、提浆、振捣,与行走系统结合,4套独立系统确保在施工过程中出现任何情况相互不受影响,确保桥面铺装平整度。

（a）

（b）

图3.2.8-20　自动摊铺整平

3.2.8.3.1.7　混凝土收面及拉毛

采用座驾式磨光机抹面、拉毛台车拉毛。

混凝土泵车布料完成后摊铺整平一体机进行混凝土摊铺整平。

混凝土初凝前用2台座驾式磨光机一前一后抹面。

人工采用钢尺进行精平,精平在专用平台上进行。

上述工作完成后,随即采用拉毛台车进行混凝土拉毛,拉毛深度2 mm～4 mm,宽3 mm～5 mm,间距15 mm～25 mm。

图3.2.8-21　整平

图3.2.8-22　拉毛

3.2.8.3.1.8 养护

将混凝土桥面拉毛,待其表面略微干燥时,及时覆盖塑料布进行养生,严禁大风吹和烈日暴晒,在覆盖前若出现塑性裂缝和干缩裂缝可采用二次抹压的方法予以消除。待条件成熟时,可更换土工布,进行洒水养生。养生至少7天,这期间始终保持表面湿润,严禁车辆通行。养生结束后要对标高、平整度、横坡等进行检测。

采用高压泵+喷淋带均匀洒水、保湿薄膜+土工布全面覆盖的方式对桥面铺装层混凝土进行养生,且养护水管设置于钢架+滑轮上,养护设备整体行走、周转,大大提高了施工效率。

图3.2.8-23 自动养护

3.2.8.3.2 护栏施工

3.2.8.3.2.1 测量放样

按照直线段5 m,曲线段3 m的间距对护栏内侧边线内10 cm坐标放样,班组作业人员根据点位外延20 cm,墨线沿护栏平行方向弹出护栏内侧30 cm标准线。立模时可参考墨线进行微调,保证护栏线型平顺。

图3.2.8-24 放样

3.2.8.3.2.2 预埋筋调直

用卷尺测量出2根预埋筋至墨线的距离,根据图纸调整预埋筋位置,通过拉线查看5 m范围内其余预埋筋预埋偏差,逐根精确调整预埋筋。

3.2.8.3.2.3 钢筋制作

护栏钢筋应在钢筋加工厂采用数控弯箍机集中加工后运至现场,钢筋安装前应清除护栏底部的杂物和松散混凝土,并用高压水清洗干净。

3.2.8.3.2.4 钢筋安装

护栏钢筋定位胎架精确定位护栏导向钢筋(每2 m一道),施工时首先调整定位装置的水平尺,使其处于垂直状态,底部槽钢边沿与桥面墨线齐平,通过定位装置的水平尺、限位装置,精确控制护栏钢筋垂直度、水平度、高程和平面位置。检查无误将对护栏钢筋与预埋钢筋用二氧化碳保护焊焊接起来。

焊接护栏钢筋时防止电焊火花坠落至平台上。

利用护栏钢筋定位装置进行施工。利用护栏导向钢筋定位护栏钢筋间距,提高钢筋安装效率。钢筋定位完成后采用焊接和绑扎的方式固定钢筋,并在每平方米内呈梅花形布置4个与护栏混凝土同等级的混凝土垫块。

(a)   (b)

图3.2.8-25 护栏钢筋定位

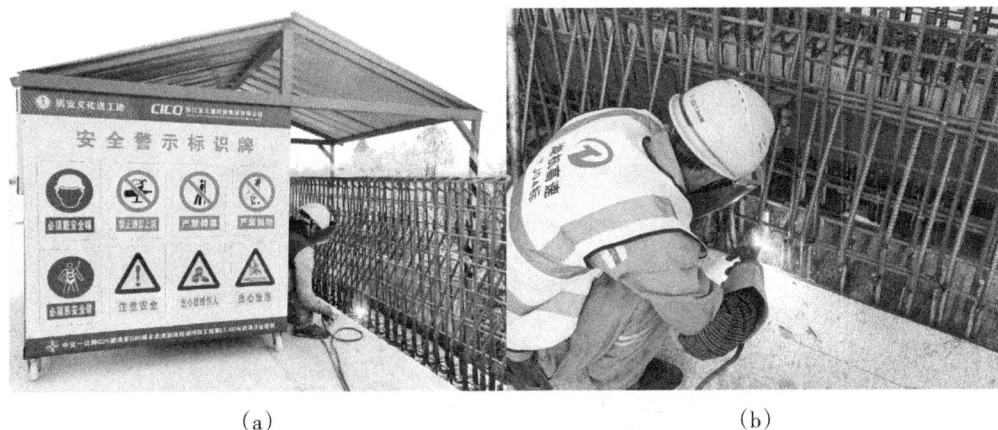

(a)   (b)

图3.2.8-26　护栏钢筋安装

3.2.8.3.2.5　模板试拼

护栏模板采用厂制定型钢模,每节标准长度2.5 m,节与节之间用法兰盘螺栓固定连接。模板运至现场后应将所有模板组合起来进行整体拉线试拼,检查模板接缝处是否平顺、拼缝是否错台、有无缝隙、高度是否一致等,并对模板进行校验。

图3.2.8-27　模板试拼

3.2.8.3.2.6　模板打磨

模板进场后必须进行除锈。在模板安装前,对模板进一步打磨,清除模板表面的浮锈、附着物等,打磨完成后用洗洁精逐块清洗,再用干毛巾将模板擦拭干净,以白色

抹布擦拭板面后抹布上无污物为合格标准。

图3.2.8-28　模板打磨

3.2.8.3.2.7　涂刷脱模剂

采用专用脱模剂,涂抹均匀,无遗漏。

图3.2.8-29　涂刷脱模剂

3.2.8.3.2.8　模板安装

在护栏模板安装前,宜在模板拼缝及底部垫橡胶条或双面胶,防止接缝漏浆。

为减少护栏拼缝错台情况,护栏模板安装前宜2~4块为一节段进行拼装,再整体安装,但前提是必须满足起重设备吊装重量等相关要求。

模板安装采用护栏模板安装台车。设备配置安全作业平台,可无线遥控设备,使其自动行走、自动化作业,实现快速、高效、安全地拆装模板。

护栏内外模板可用拉杆固定,模板顶部用定制的型钢固定。模板通过钢管斜撑及钢丝绳固定(先撑,再拉,后调节底部L板),模板及支撑不得有松动现象。

模板安装加固完成后,应对模板的线形、顶部高程、垂直度、拼缝等拉线检查,确保模板安装平顺、稳固。

三片式钢板真缝施工,刚度大,易拆卸。

图3.2.8-30　模板安装

图 3.2.8-31　模板加固

（a）

（b）

图 3.2.8-32　真缝钢板及效果

由于原模板拉杆位置固定,导致拉杆位置与护栏钢筋位置冲突,经常出现施工人员为方便模板安装割断护栏钢筋,在护栏施工时平均每套模板需割断5~6根护栏钢筋。

为避免此类现象发生,故对钢模板进行调整,将拉杆孔改装为可移动槽口,通过一片钢板在槽口位置移动,就能在护栏模板安装过程中,调整拉杆位置,从而避免模板拉杆位置与护栏钢筋位置冲突的情况。

图3.2.8-33 护栏模板拉杆孔

3.2.8.3.2.9 混凝土浇筑

混凝土浇筑前应安装护栏,确保施工安全。

标准化混凝土浇筑平台保障护栏混凝土省时、省力、安全浇筑。

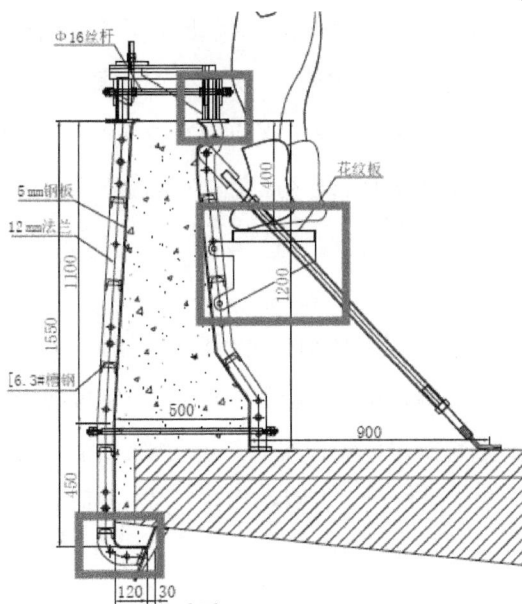

图3.2.8-34 浇筑平台

图3.2.8-35　浇筑平台

　　混凝土施工宜采用分层布料振捣工艺,分层厚度以20 cm为宜(首次布料至护栏倒角顶部,以便混凝土气泡排出),采用插入式振动器,并振捣密实。

　　混凝土浇筑完成后应进行3次收面:首次收面在混凝土浇筑完成后,木抹粗平,确保混凝土顶部高程与模板顶齐平;第2次收面在首次收面后,钢抹精平,目测混凝土表面光洁平整、无褶皱;第3次收面在初凝后,对混凝土顶面进行压光收面,防止收缩裂缝的产生。

3.2.8.3.2.10　假缝切割

　　护栏模板拆除后立即采用假缝切割机进行假缝切割,防止不规则收缩裂缝的产生。采用切缝定位架辅助假缝切割,假缝切缝前将切缝定位架固定在护栏上,确保切缝机切缝时不偏离。假缝切割可沿模板拼缝位置切割,以消除模板拼缝,切缝宽度为2 cm,深度为2~3 cm。切割时护栏左右侧对称,提升外观质量。

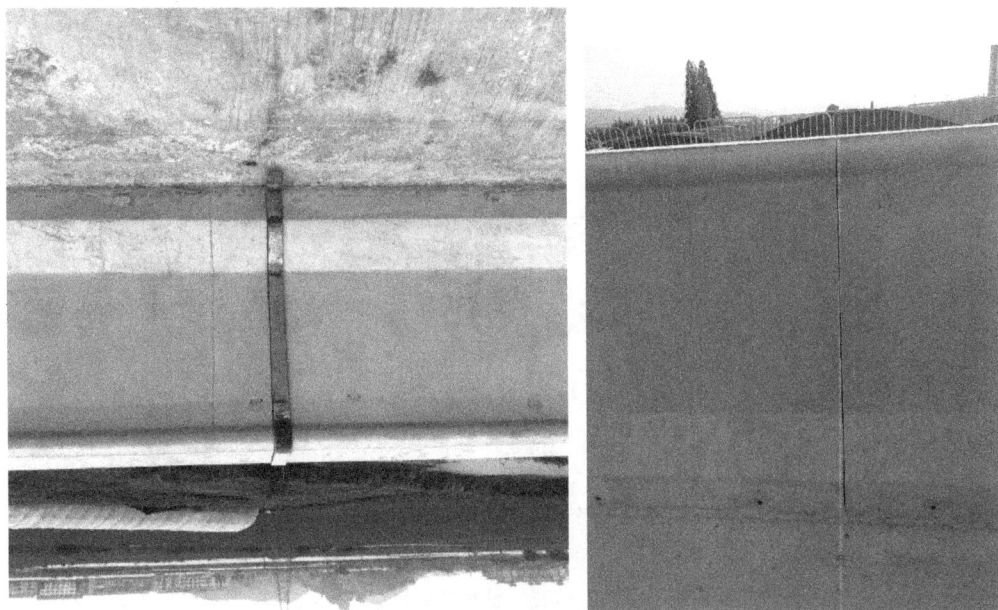

图3.2.8-36　假缝切割

3.2.8.3.2.11　养护

模板拆除后用护栏智能养生系统养护,养护时间不少于7天。

护栏智能养护系统包含三大部分:养护系统主机、养护移动架、无线温湿度反馈系统。根据监测反馈数据结合环境温湿度、养护龄期等自动分析执行养护指令,自动调节养护移动架内温湿度,形成监测—反馈—分析—执行—再监测闭路循环流程。

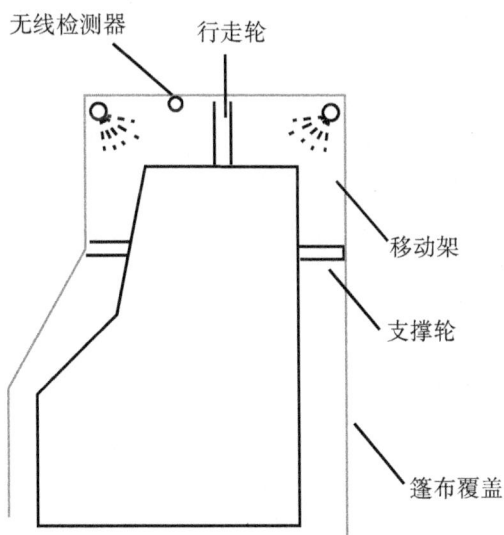

图3.2.8-37　养护架安装示意图

图 3.2.8-38　护栏智能养护